AF366528

POLISARIO:

HISTORIA DE UN FRENTE CONTRA LOS DERECHOS HUMANOS Y LA SEGURIDAD INTERNACIONAL

Polisario: Historia de un FRENTE contra los derechos humanos y la seguridad internacional
Chema Gil
www.iuxsed.com
@ChemaDireccion

Editado por:
Bubok Publishing, S.L.

Madrid España.
Enero, 2014

info@bubok.com

Impreso en España ISBN: 978-84-686-4761-6

Maquetación, diseño y producción: Bubok Publishing

A la memoria de las víctimas españolas del terrorismo del Frente Polisario, asesinados, secuestrados, torturados y desaparecidos.

A los saharauis confinados en los Campos de Tinduf a los que se niegan derechos fundamentales por parte del Frente Polisario y Argelia.

A los marroquíes que fueron expolisados y masacrados.

A Mustafa Salma

Agradecimientos

A José A. Antequera, periodista y abogado. Si con alguien se cumple aquello de quien tiene un amigo, tiene un tesoro, él es uno de los tesoros más preciados.

Said Jadidi, Mokhtar Gharbi dos apuntadores de la realidad.

Varias personas merecen estar en este capítulo de agradecimientos, sólo por estar ahí: Sergio Murcia, Imam Lajjam, Imran Bouteyeb, David Alvarado, Yasine Drissi Idrissi y tantos otros.

Un agradecimiento muy especial para un amigo, Abdel.

Y sobre todo a mi familia, el mayor regalo que puedo tener.

ÍNDICE

Introducción 13

I Parte. Breve historia de un conflicto artificial 21

  1- Marruecos, una secular realidad histórica 23

  2.- La génesis del conflicto 28

  3.- Los 'Acuerdos de Madrid', la legitimidad
     de una decisión soberana 44

  4.- Argelia, el inicio de la Guerra del Sáhara y
     primeras vulneraciones masivas de los
     Derechos Humanos 57

  5.- La guerra 68

  6.- Hitos destacados 73

  7.- Un paréntesis para la reflexión 82

  8.- Otros hechos destacados 83

  9.- Fallecimiento de Hassan II y llegada al no de
     Mohamed VI 85

  10.- La Regionalización Avanzada 88

  11.- La iniciativa marroquí 97

  12.- El desarrollo del Sáhara Occidental.................. 112

  13.- Una breve opinión sobre hacia dónde
     caminará la cuestión del Sáhara 120

II Parte. Polisario: un frente contra los derechos humanos 125

14.- Violaciones de derechos humanos desde el inicio 127

15.- La separación de las familias, una vulneración de Derechos Humanos al servicio del control del Polisario 147

16.- Violación de Derechos Humanos mediante el ejercicio del terrorismo, las víctimas españolas del Frente Polisario 150

17.- Esclavitud, abusos, explotación y contrabando de ayuda humanitaria y persecución a los disidentes 173

18.- Las violaciones de derechos humanos en Tinduf. Lo que los pro-polisarios no quieren ver 186

III Parte Polisario: un frente contra la seguridad internacional 191

19.- El Polisario, Argelia, el terrorismo y el crimen organizado 193

20.- El contexto del jihadismo en el área Sahel-Sáhara y el Magreb. Actores declarados y ocultos. 218

21.- Apuntando algunas soluciones 226

Víctimas del terrorismo del frente polisario 242

POLISARIO:

HISTORIA DE UN FRENTE CONTRA LOS DERECHOS HUMANOS Y LA SEGURIDAD INTERNACIONAL

CHEMA GIL

INTRODUCCIÓN

La demagogia, la estupidez de mantenerse en el error, los prejuicios y la mala fe; la corrupción interna de un movimiento como el Frente Polisario, en el que algunos líderes o responsables necesitan del conflicto para mantener su nivel de vida, mediante el sostenimiento del actual 'statu quo'... todos esos factores sirven espuriamente a la pervivencia del conflicto que protagoniza el Frente Polisario, con el apoyo de gobernantes argelinos que han dado la espalda a su propio pueblo en el empeño de tratar de lograr una determinada posición geoestratégica en el área.

En España, las ideologías y los partidos políticos que apoyan al Frente Polisario olvidan que este mal engendro de la historia causó miles de muertos, heridos, torturados y secuestrados, tanto en el periodo de guerra abierta como en su más pura expresión terrorista. Varios cientos de esas víctimas eran españolas, lo que motivó que los representantes del Polisario —algunos muy presentes en la actualidad en actividades ante la ONU— fueran expulsados por el Gobierno que presidía, en 1985, Felipe González. Aun así, en España, las víctimas del Frente Polisario siempre han sido ocultadas por los políticos, en una conducta bochornosa y vergonzante que, en los últimos tiempos, parece que empieza a cambiar. Los españoles deberían sacudirse la anomía frente a esta cuestión pero, para ello, deben posicionarse frente a la misma de forma crítica. El Frente Polisario ha sabido aprovechar los eternos prejuicios —especialmente en España— respecto a todo lo marroquí, que han sido alimentados por los propios partidos políticos; los mismos que luego, cuando gobiernan, se ven arrollados por su imprudencia e incontinencia verbal y terminan observando a Marruecos, tal y como es; aun con los defectos que todo lo humano conlleva, un estado serio, aliado, con el que estamos obligados a tener una relación de buena vecindad, no sólo por intereses geoestratégicos, de ambos lados, sino porque nos unen lazos históricos y fraternales.

Lo cierto es que el conocimiento real de los españoles respecto del diferendo saharaui, no digamos ya entre ciudadanos de otras partes del mundo, es paupérrimo. Mucha gente apenas sabe describir el conflicto más allá de lo que 'dicta' el movimiento vertical —y aparentemente inquebrantable— del Frente Polisario; otros apenas saben ubicar las zonas del conflicto y, la práctica totalidad, apenas tiene referencias de la génesis del mismo.

La indolencia de los medios de comunicación españoles ha hecho que se olvide a los 300 asesinados, torturados, secuestrados españoles que han sido y son víctimas del Polisario que ahora, por fin, comienzan a ser reconocidos oficialmente como víctimas del terrorismo. Muchos medios de comunicación y sus periodistas no reparan en como este movimiento mantiene una estructura de poder endogámica, alejada de cualquier idea de democracia, arrogándose la única representación de los saharauis que viven bajo la bota de esta organización, que ha violado los derechos humanos sistemáticamente en la reciente historia del Norte de África (último medio siglo); en un territorio —Tinduf— en el que, en teoría, y en la actualidad, debería operar el ordenamiento jurídico argelino pero que, en realidad, se ha convertido en un territorio de *'no derecho'*. Eso sí, los periodistas tan raudos a olvidar, y lo que es peor obviar, todas las vulneraciones de derechos humanos del Frente Polisario pretenden 'vender' la idea de que no hay más vulneración que la que pudiera realizar Marruecos; la diferencia es que las pretendidas violaciones que se imputan a Marruecos pueden ser denunciadas, incluso, por organizaciones de Derechos Humanos que operan en el país o por visitantes extranjeros que acuden como observadores a los juicios; mientras tanto, el Polisario no permite una observación libre por parte de nadie al que no controle previamente, ni mucho menos que de forma libre cualquier observador hable con la gente que, de facto, vive secuestrada en sus campamentos. Algunos populares defensores del Polisario en España, como el mediocre actor Willy Toledo, son los mismos que defienden el régimen dictatorial de Cuba, calificando a los opositores como terroristas.

La conducta dictatorial del Polisario no es cosa del pasado, se mantiene en la actualidad, y —sorprendentemente— los autores de tales desmanes son apoyados por la Organización de Naciones Unidas, con un secretario general al frente como Ban Ki Moon y su representante personal, Christopher Ross, quienes hacen alarde de una hipocresía inabarcable pues, mientras que desde las Naciones Unidas se exige a cualquier movimiento, por ejemplo, de la mal llamada 'Primavera Árabe', su democratización inmediata; en cambio dan carta de naturaleza a un movimiento vertical, no representativo, que vulnera a diario los más básicos derechos humanos.

La ONU cierra los ojos a las constantes vulneraciones de libertades en unos campamentos en los que viven miles de saharauis y otra cantidad indeterminada de seres humanos llevados hasta allí, de una u otra manera, no perteneciendo a ninguna tribu pero cuya presencia sirve para 'engordar' los datos que se emplean como base para la movilización de ayuda humanitaria, parte de la cual acaba siendo objeto del contrabando o tráficos ilícitos en el área sahelo—sahariana. No se permite a las agencias de la ONU ni a observadores independientes hacer un censo real de quiénes son, cuál es la procedencia y cuántos viven en los diferentes campamentos y la verdadera naturaleza y razón de su presencia allí. Los datos que se ofrecen, nunca ha podido ser verificados oficialmente por las organizaciones internacionales; el Polisario no quiere tal verificación y Argelia tampoco.

El Polisario se niega a que haya, dentro de los agrupamientos, que dirige *'manu militari'*, más información que la que elabora la propia organización, por lo que las miles de personas bajo su control no pueden elegir con plena libertad dónde quieren vivir, ni decidir el futuro que quieren para ellos y para las generaciones venideras. Aquellos que, por suerte, han decidido abandonar la disciplina polisaria para regresar a la que siempre ha sido su tierra, a su país, son tratados —por los Polisarios— como traidores, y sus familias condenadas al ostracismo dentro de los campamentos. Son miles los que han regresado a su tierra o han decidido marcharse de allí para ir a vivir a Mauritania y, ante la pérdida de influencia, el Frente Polisario ha organizado una definida *'quinta columna'*, en las provincias del Sur de Marruecos. Una infiltración guerrillera que no desaprovecha ocasión para intentar sembrar la violencia y mantiene una especie de control interno, con el que ponen entre la espada y la pared a los ciudadanos de esa zona del país jerifiano, pertenezcan a no a alguna tribu, frente a quienes sí ostentan una representación legal. Esta *'quinta columna'* está reuniendo en su entorno las condiciones de posibilidad para subyugar, con el ejercicio del terror, el Sáhara Occidental. Lo inquietante es que si arraiga un nuevo fenómeno terrorista en estas tierras podría ser penetrado por el jihadismo que, sin solución de continuidad, se ha expandido desde el Cuerno de África hasta la costa Atlántica del continente. Recordemos lo ocurrido recientemente en El Azawad, Norte de Malí, donde lo que empezó siendo una revuelta independentista tuareg, terminó por convertirse en el escenario del empoderamiento de grupos terroristas de etiología jihadista, buena parte de ellos con vinculaciones a Al Qaeda; lo que ha provocado la atomización de una violencia que tiene, también, vinculaciones claras con elementos del Frente Polisario.

Dirigentes y mandos intermedios del movimiento independentista llevan viviendo de este artificial conflicto unos cuarenta años; muchos de ellos sin haber trabajado en su vida, es decir, han vivido a costa del sufrimiento de miles de personas. La corrupción es moneda de cambio en el seno de la organización polisariana, la misma que mantiene vivo el 'statu quo' sin el cual no tendrían razón de ser y que, de desaparecer, les obligaría a ponerse a trabajar, algo a lo que no parecen muy dispuestos.

La ONU, con Ban Ki Moon y buena parte de sus antecesores al frente, apoyan un movimiento dictatorial, que opera exclusivamente con sus propias leyes y normas 'ad hoc', sin sometimiento al Derecho Internacional y cuyo poder es ejercido desde la más absoluta discrecionalidad. Me pregunto si llegará un día en que puedan iniciarse acciones legales internacionales contra quienes han permitido que opere el disparate histórico del Polisario, que tanto sufrimiento ha causado, comenzando por determinados líderes argelinos. En España, la Audiencia Nacional tiene abiertas diligencias contra algunos de esos individuos, en aplicación de los principios de Justicia Universal que, de forma limitada, mantiene en vigor el ordenamiento español.

Este libro es una mirada crítica con la que únicamente pretendo hacer ver que estamos frente a una artificialidad que se ha mantenido en el tiempo porque, a lo largo de buena parte de sus 40 años de historia, se sustentó merced a las maniobras que el bloque del Este, durante la 'Guerra Fría', fomentó en esta zona del mundo, donde apoyaron militar e ideológicamente al Frente Polisario. De aquellos apoyos quedan hoy, sosteniendo al Polisario, algunos países como la Cuba de los hermanos Castro o la Venezuela del régimen chavista; pero la realidad internacional dirige una mirada cada vez más crítica hacia el conflicto. Incluso desde el interior de Argelia se alzan voces en contra del mantenimiento del mismo.

I Parte

Breve historia de un conflicto artificial

1- MARRUECOS, UNA SECULAR REALIDAD HISTÓRICA

El mapa del imperio jerifiano, Marruecos, hasta mediado el siglo XIX, cuando identificamos la génesis de los periodos de protectorado en el área —que se prolongarán hasta el año 1956, en el caso de Marruecos y hasta más tarde en otros países— llegó a ocupar buena parte de la mitad norte del continente africano.

Aún hoy, comunidades asentadas a orillas del río Níger, se refieren al Rey de Marruecos como su *'Emir el Mouminim'* (Comendador de los creyentes). Sobre este título, amigo lector, me va a permitir que le diga que —al contrario de lo que muchos piensan, también algunos musulmanes— el Rey de Marruecos, no es sólo —en su territorio— el Comendador (defensor) de los musulmanes, de los seguidores del Islam; sino que tal título le reconoce como defensor de los creyentes (de la gente del Libro), en el sentido en el que podemos encontrar este término en diferentes suras del Noble y Sagrado Corán. La gente del Libro son judíos o cristianos también, religiones que —por cierto— conviven pacíficamente en Marruecos junto a los musulmanes. Basta ver las sinagogas, algunas bien modernas, o la catedral de Rabat o los cementerios, separados tan solo por una simple pared.

Marruecos es una de las realidades de más rancio abolengo histórico en el mundo árabo— musulmán y África y, en mi humilde opinión, es una de las cunas de lo que podemos describir, si se me permite la expresión, como el Islam Occidental.

La presencia de Marruecos no se limitó a África, sino que llegó a la Península Ibérica, en Al Ándalus, gracias a potentes movimientos que lograron recomponer, en buena medida, el proceso de debilitamiento en el que entró el Islam tras la caída del califato Omeya y su desintegración en taifas.

Marruecos, más recientemente en la historia, fue el primer país que reconoció oficialmente la independencia de las colonias americanas del Imperio Británico. Es el primer país del mundo con el que la actual superpotencia mantuvo 'relaciones diplomáticas' pues, cuando nadie prestó su reconocimiento al nuevo país, el Reino de Marruecos sí que lo hizo y esa fuerte relación se mantiene viva hoy en día. ¿Podemos imaginar cómo fue la relación epistolar entre George Washington y Su Majestad Mohamed III? Este monarca marroquí sí que tuvo visión de futuro y conciencia de la magnífica realidad naciente en el Norte de América.

Hasta que Francia, en el año 1960, estableció artificiosamente el actual estado mauritano, buena parte de este territorio era reconocido como perteneciente a Marruecos por su propia población; muchos notables reivindicaron tal marroquinidad cuando se produjo la independencia. Esta realidad provocó que algunas de las personalidades de mayor peso y reconocimiento fueran expulsadas de Mauritania y, definitivamente, se instalaran a vivir en Marruecos, llegando alguno de aquellos personajes a ocupar importantes puestos institucionales, incluso presidiendo su Parlamento.

El contradictorio Mokhtar Ould Daddah, que se hizo con la presidencia de Mauritania, se enfrentó a Francia y apoyó a Argelia, alineándose con el Bloque del Este durante un cierto tiempo. En aquella época el objetivo era la descolonización y, en realidad, el apoyo a Argelia e, inicialmente al conglomerado que luego se convertiría en el Polisario, era una forma de acabar definitivamente con las vinculaciones de Francia y España en aquella área de África; vinculaciones nacidas a mediados del siglo XIX, e intensificadas con el protectorado de comienzos del siglo XX. Finalmente, Mokhtar Ould Daddah, luchó contra el Frente Polisario cuando éste, auspiciado por Argelia, pretendió también arrogarse la propiedad de parte del territorio mauritano. Al final de la década de los 70, Mauritania, con apenas estructura militar, abandonó el conflicto.

Así pues, hasta que potencias como Francia y España desplegaron su protectorado, el mapa de Marruecos incluía parte de los actuales territorios de Mauritania y Argelia; de este segundo país podemos mencionar —entre otros— Tinduf, Knadsa o Tuat, que incluso fueron señalados por los propios argelinos como territorio marroquí, hasta el punto de que existió el compromiso de entregarlos a Marruecos una vez Argelia lograra la independencia de Francia; aquel era el compromiso del Gobierno Provisional de la República de Argelia (GPRA), liderado por Farhatt Abbas.

Argelia, en la lucha para lograr echar a la potencia europea contó con un importantísimo apoyo de voluntarios marroquíes, quienes acudieron a luchar 'hombro con hombro' con sus hermanos argelinos, pero tal solidaridad fue respondida con una completa deslealtad por parte de los gobernantes de Argelia que llegaron a ordenar maltratar a quienes, arriesgando y dando su vida, les ayudaron en la cruenta guerra contra la potencia colonial francesa.

Cuando, en 1962, Argelia alcanzó la independencia, se hizo con el poder el Frente de Liberación Nacional (FLN), omnipresente desde entonces en todas las esferas de poder argelino, tanto civil como militar, de una u otra forma. Ben Bella —de ancestros marroquíes, por cierto— se situó al frente del país y se evaporaron los compromisos de devolver a Marruecos los territorios que le habían sido arrebatados. En el colmo de la deslealtad y la traición, Ben Bella y el FLN, permanentemente dividido y caracterizado por luchas intestinas, se acogieron al argumento de que fueron territorios coloniales, para mantenerlos como propios; es decir, dieron carta de naturaleza al expolio de la potencia colonial francesa, a la que acababan de combatir. Es curioso que Ben Bella, que luego tuviera que vivir durante lustros encarcelado por sus compañeros, que pasó a la historia como el gran luchador anticolonialista, empero defendiera el mantenimiento de las consecuencias del colonialismo. La traición se mantuvo una vez Boumedienne se hizo con el poder tras liderar políticamente un golpe de estado militar contra quien había sido votado por seis millones de ciudadanos; una dinámica de inestabilidad que cíclicamente ha caracterizado ese país.

Argelia puso su mirada en dos objetivos, por una parte la desestabilización de Marruecos —una constante a lo largo de la historia reciente— y, por otra parte, lograr una salida al Atlántico. Esos fueron los verdaderos intereses de Argelia, con el apoyo del Bloque del Este (que contó de inmediato con la alianza del recién llegado al poder en Libia, Mouammar Gadaffi) a la hora de incentivar este conflicto que dura ya más de cuarenta años.

Argelia apoyó la creación del Frente Polisario, fomentó y dio formación a su guerrilla, apoyo logístico, financiación y, finalmente, hasta suelo para instalar sus campamentos, precisamente en Tinduf, un territorio que históricamente fue marroquí.

Argelia, operando como un actor no declarado, favoreció el estallido de un conflicto bélico, se aplicó en facilitar ataques, colaboró en la desaparición de soldados marroquíes y mauritanos durante lustros; dio cobertura a los terroristas del Polisario cuando secuestraban a pescadores españoles, o los asesinaban... *¿Alguien recuerda a dónde viajaba el embajador Samaranch para lograr las liberaciones de nuestros secuestrados?*

2.- LA GÉNESIS DEL CONFLICTO

Para identificar la génesis de lo que se ha venido en llamar *'diferendo del Sáhara Occidental'* no podemos recurrir a las simplezas del 'lobby' pro—Polisario. Éste, resumidamente, se limita a decir "*que España ocupaba su territorio, decidió abandonarlo y, entonces, fue invadido por Mauritania y Marruecos"*, obviando la historia y la realidad— real, y para ello recurren a un falsario constructo intelectual, desde el que pretenden asentar la idea de que el Sáhara era un territorio independiente, lo que no ha sido jamás en la historia.

En el limitadísimo argumentario del Polisario, y en el de quienes lo apoyan, se utiliza torticeramente un 'dictamen consultivo' de La Haya que establecía —sólo en su parte dispositiva— una interpretación eurocéntrica sobre la idea de estado, en un ejercicio de 'colonialismo intelectual' limitado por la particular visión occidental de las realidades sociales. No es de extrañar que en medio mundo estén hastiados de nuestra pertinaz voluntad de querer imponer nuestra forma de entender las cosas; es la misma conducta de base que nos llevó a trazar —desde esa mentalidad colonialista— las fronteras en el continente africano con tiralíneas, escuadra y cartabón.

El dictamen de la Corte Internacional de Justicia de la Haya afirma —con claridad meridiana— que el Sáhara Occidental no había sido una *'tierra nullus'* cuando llegaron los españoles (es decir, aquello no era una 'tierra de nadie', allí operaba una autoridad antes de que los españoles convirtieran el territorio en un protectorado). El dictamen reconocía que la población rendía la Baya'a a los monarcas del trono de Marruecos. Desde la posición subjetiva tradicional de superioridad, unos señores de la Corte de Justicia de la Haya, con una limitada visión occidental, sin valorar en toda su profundidad el concepto de la 'Bay'a', decidieron que eso no era suficiente para considerar la presencia de un Estado, como el marroquí, en el territorio en cuestión. Realizaron un dictamen que sirvió de coartada para la violencia, la muerte, los secuestros, la guerra... para todo eso sirvió la Corte de Justicia de la Haya. Estoy convencido de que hoy, el contenido de ese dictamen sería diferente, y si la decencia operara en ciertos ámbitos, el reconocimiento del error, debiera llevar a una revisión de todo aquello.

La 'Bay'a' es la expresión de una relación bi—direccional entre el pueblo marroquí y su Rey; se traduce como 'pleitesía', aunque no se conforma tal concepto con el componente peyorativo que en español puede llegar a tener. El pueblo se compromete con su Rey y el Rey se compromete con su pueblo en la expresión más genuina de lo que podemos considerar la representación del Estado, pues el Rey —como símbolo— representa la soberanía sobre el territorio y todo lo que conlleva; en este caso, que las propias tribus saharauis rindieran la Bay'a al monarca marroquí no es — ni más ni menos— que una expresión del reconocimiento de que la '*auctoritas*' de un Estado, el Reino de Marruecos, operaba en esos territorios de manera secular.

La historia de este conflicto empezó antes de que España decidiera salir del territorio en 1975 y, para entender los orígenes y mantenimiento de aquel, tendremos que hablar de Argelia, porque este país fue y es clave en los orígenes del diferendo, en la generación de la guerra posterior y el mantenimiento de la actual situación. Algunos dirigentes argelinos fueron, en ocasiones, si nos atenemos a testimonios personales directos, cómplices y encubridores de las violaciones de derechos humanos.

Los mencionados intereses argelinos se pusieron de manifiesto antes incluso de que surgiera el artificioso conflicto del Polisario; yo creo que este movimiento fue una creación que se hizo necesaria para Argelia, como consecuencia del breve pero intenso conflicto bélico conocido como la 'Guerra de las Arenas', en la que se enfrentaron los dos países vecinos a causa de las fronteras entre ambos países tras la independencia argelina. Tal guerra pudo haberse evitado si el nuevo poder, al frente de Argelia, hubiese cumplido con los compromisos adquiridos por el Gobierno Provisional anterior a Ben Bella, que —como queda dicho—

expresamente reconocía la marroquinidad de territorios como Tinduf.

La 'Guerra de las Arenas' se desarrolló en la frontera ubicada en la región de Hassi Beida. Argelia percibió entonces que en un enfrentamiento simétrico contra Marruecos — en esos momentos— correría el peligro de perder no sólo los territorios que se negaba a devolver, sino otros, pese a contar con el apoyo de la Unión Soviética. El gobierno francés, cuando aún mantenía el poder en Argelia ofreció al entonces Rey de Marruecos, Mohamed V (abuelo del actual monarca) los territorios mencionados a cambio de que apoyara a Francia; pero Mohamed V se negó a traicionar a 'los hermanos argelinos'. Está claro que el valor de la palabra dada por personajes como Ben Bella brilló por su ausencia, de la misma manera que en otros líderes argelinos como Boumedienne o el actual Bouteflika.

El gran periodista marroquí, buen conocedor de la historia y las 'intrahistorias' de su país, Said Jadidi, cuando le pregunto sobre si el Rey, Mohamed V, debió aceptar el ofrecimiento de Francia responde —pese a todo lo ocurrido— con claridad meridiana *"No. Yo creo que Mohamed V hizo lo que debía hacer y, de presentarse la misma situación, su nieto —Mohamed VI— debería hacer lo mismo; independientemente de la ingratitud de los militares argelinos y de la extrema hostilidad hacia el pueblo marroquí. La solidaridad ni se compra ni se vende… tampoco se negocia. Es un principio noble y en este país estamos acostumbrados a este tipo de principios que, pese a costarnos caro, seguimos aplicando".*

En aquella 'Guerra de las Arenas', Marruecos, que apenas contó con una discreta ayuda de Francia y EEUU, demostró su mayor capacidad estratégica en una guerra simétrica; sin embargo Argelia tuvo que practicar tácticas terroristas (guerra asimétrica). Marruecos hizo presos a cientos de argelinos durante el breve conflicto, al que se puso punto y final gracias a la intervención de países árabes y africanos. La pacificación fue seguida inmediatamente de la liberación de los presos. Argelia y Marruecos llegaron poco después a acuerdos de explotación de minas y suelo en la zona de Khiblet y Tinduf, pero finalmente no fueron fructíferos. Desde entonces Argelia siempre operó contra Marruecos y esto se puso de manifiesto muy claramente en el surgimiento y mantenimiento del Frente Polisario. Respecto a esta 'Guerra de las Arenas', el maestro Said Jadidi explica que: *"Hasta ahora nadie conoce con exactitud los pormenores de aquella extraña guerra que nunca debió tener lugar. Sin embargo, a petición de algunos amigos de Marruecos, el difunto rey Hassan II aceptó. De he-*

cho Marruecos nunca ha rechazado la paz, siempre ha estigmatizado la guerra y las hostilidades entre hermanos. Ahora bien, los responsables marroquíes no podían sospechar que los dirigentes argelinos nos iban a hacer a los marroquíes lo que nos están haciendo desde entonces".

Pascal Chaigneau, profesor del Centro de Estudios Diplomáticos y Estratégicos de Francia, en el prefacio a una de las mejores investigaciones que se han realizado a nivel internacional sobre el desarrollo del Sáhara Occidental con Marruecos, escrita por Henri— Louis Védie, dice que "*el Sáhara Occidental, caso simbólico de las relaciones internacionales, secuela de una descolonización mal manejada [...] sigue siendo la manzana de la discordia de una Unión del Magreb aún en ciernes. Punto de tensión hoy, lugar de conflicto ayer, el Sáhara occidental constituye el paradigma de la oposición entre Argel y Rabat. Todo ello sucede mientras la ONU, heredera del problema, avanza a paso lento hacia un estatuto de autonomía, única solución aceptable para las autoridades marroquíes*".

En estas breves líneas, el profesor Chaigneau describe el problema y hace un diagnóstico para su solución, la autonomía avanzada del Sáhara dentro de la soberanía del Reino de Marruecos; pero nos referiremos a esa solución en otro momento, ahora debemos terminar de describir la génesis del problema.

España, como consecuencia del 'reparto' de África por parte de las potencias europeas, llegó al Sáhara a finales del siglo XIX, y no sería hasta finales de la década de los cincuenta del XX cuando considerara tales territorios como una provincia española más. Tal reconocimiento fue un gesto de limitado recorrido pues el régimen de Franco pugnaba por alcanzar ciertas cotas de reconocimiento internacional para lo cual, en 1960, en plena tensión descolonizadora en las Naciones Unidas, España reconocía que su presencia en el Sáhara Occidental era colonial y desde ese momento fue admitiendo como actor, en esa incipiente dinámica de descolonización, a Marruecos. Por fin, la Asamblea General de las Naciones Unidas, mediante la resolución 2.229 de 20 de diciembre de 1966, se refería expresamente a la necesidad de realizar un referéndum entre la población; sin que se precisara el verdadero alcance de la autodeterminación. Es evidente que en ese momento la descolonización española no se veía como el paso previo a la determinación del Sáhara Occidental como un nuevo estado, sino que se vinculaba tal territorio a Marruecos puesto que no se reconocía otra realidad histórica en ese territorio. La propia España, cuando decide ejecutar su 'descolonización', su salida del territorio como potencia administradora, devuelve el mismo a quien consideraba como su titular histórico.

Es cierto que un sector del régimen franquista, cuyo gobierno presidía en esos momentos el almirante Carrero Blanco, abocado a tener que abordar la cuestión de la salida de España de las provincias del Sur de Marruecos, planteaba como algo *ex-novo* la creación de un estado independiente, no como reconocimiento de una realidad histórica, sino como una estrategia determinada a retrasar la efectiva salida de España, por un lado, y por otro al favorecimento de un cierto estado de desestabilización y debilitamiento del reinado de Hassan II.

Estamos en plena Guerra Fría, las dos potencias —EEUU y la URSS— operaban en los diferentes conflictos que se producían en el mundo, polarizando los mismos. En el Sáhara Occidental no hubo excepción. Argelia y Libia, alineados con el bloque del Este, favorecieron el surgimiento de lo que se denominaría Frente Polisario, extendiendo una ideología marxista que, al fin y a la postre, sirvió para aniquilar sistemáticamente buena parte de la idiosincrasia saharaui, atacando su naturaleza tribal, incluso su tradición religiosa. Ese apoyo de Libia y Argelia a la creación del Frente Polisario no estaba presidido más que por intereses espurios. La Libia de Gadafi pretendía una hegemonía en el Magreb, para lo cual necesitaba la desestabilización de la zona favoreciendo procesos de debilitamiento del reino de Marruecos; por su parte, Argelia quería una salida al Atlántico y el dominio de esa zona de África. En 1973, precisamente el mismo año en que fue asesinado el presidente del Gobierno de España, Carrero Blanco, surge la artificialidad del Frente Polisario, que se vende al mundo como un movimiento revolucionario de liberación nacional, de ideología marxista, tendencia laicista e ideario inspirado en doctrinas 'Che Guevaristas'. Y es con esos mimbres con los que pretendían asentar la idea de que podían ser un Estado, los mismos mimbres que han servido para instalar en diferentes partes del mundo regímenes totalitarios y sistemáticamente vulneradores de los Derechos Humanos, salvo que consideremos Cuba como un lugar donde tales derechos son respetados.

La verdadera naturaleza del Polisario y la irreal RASD se corresponde, en buena medida, a lo que menciona el profesor Enrique Viaña Remis (catedrático de Economía Aplicada de la Universidad española de Castilla—La Mancha), en su análisis **'El Sáhara Occidental, Marruecos y España'**: *"En sus orígenes* [la RASD] *no se limitaba a encarnar un proyecto de Estado independiente en el Sáhara occidental; representaba, sobre todo, el intento más serio acometido hasta entonces de exportar las revoluciones libia y argelina. Los* *planteamientos de los independentistas saharauis reflejaban con fidelidad la posición mantenida entonces por Argelia de no reconocer las fronteras coloniales. En los primeros momentos, llegaron a insinuar que ellos eran los verdaderos representantes, no sólo del pueblo saharaui, sino de todas las tribus nómadas del desierto colindante con el Océano Atlántico, lo que incluiría toda Mauritania y el Sur de Marruecos, además del Sáhara occidental propiamente dicho. Todavía en 1982, a la pregunta de si el Polisario era una fuerza endógena o exógena al Sáhara Occidental, un experto español en el conflicto respondía que quienes llevaban el peso de las armas no eran originarios del territorio: Un ejército capaz de comprometer 5.000 o 6.000 hombres en combate no podía sostenerse sobre la población autóctona, sin tener en cuenta las bajas sufridas desde el comienzo de la guerra. En su opinión, el Polisario era 'una gran internacional saharaui del Malí, de Níger, del propio Sáhara Argelino y del Marroquí'".*

El auténtico papel que jugaron Argelia y los intereses del bloque del Este en el surgimiento del conflicto se evidencia en las palabras del líder y fundador del Polisario, Seyed Mustapha El Uali, cuando afirmaba, por ejemplo en su último discurso, que *"...el combate que llevamos a cabo contra los regímenes reaccionarios de Marruecos y Mauritania es una ocasión de oro para el pueblo árabe marroquí y mauritano, para que empuñen las armas y vengan a nuestro lado, todos unidos, para cambiar los regímenes reaccionarios instalados en la región, a fin de imponer en ella la coherencia reclamada hasta la saciedad por la palabra del presidente (argelino) Houari Boumedienne; a éste propósito, no olvidemos que hemos llegado a la certeza de que la tierra argelina, tierra de la revolución, será siempre una tierra revolucionaria, lo mismo que la revolución argelina seguirá siendo revolucionaria. He aquí que hoy estamos viviendo la idea del Magreb de los pueblos [...]".*

Una referencia más al análisis del profesor Viaña respecto del contexto en el que se crea la artificialidad del Frente Polisario y su RASD, *"un proyecto que resulta difícil de entender fuera del contexto internacional de la segunda mitad de los años setenta. Varias influencias son explícitamente reconocidas por sus artífices: Además de las revoluciones argelina y libia, hay que destacar el triunfo norvietnamita en Indochina, y de los movimientos de liberación nacional en las excolonias portuguesas; en el plano económico, la subida de los precios del petróleo, que pareció dar a algunos países del tercer mundo un poder sobre Occidente hasta entonces insospechado".*

Y como corresponde o es tradicional en este tipo de movimientos, sus primeras manifestaciones fueron acciones terroristas; en este caso dirigidas contra militares españoles. Esto generó la suficiente desconfianza entonces como para que España abandonara la idea de favorecer un estado independiente que, además, con los apoyos de Libia y Argelia, dirigía su punto de mira hacia las Islas Canarias, *[mirada ambiciosa que aún hoy se mantiene y cuenta con la ingenuidad cómplice e imprudente de un cierto sector político canario]*. Y así, desde esta perspectiva, fue como España comenzó a definir su salida de aquel territorio devolviéndolo a Marruecos.

En 1974, Marruecos y Mauritania pidieron en la ONU un dictamen consultivo al Tribunal Internacional de Justicia de La Haya sobre el Sáhara Occidental. El dictamen debía pronunciarse sobre dos cuestiones muy concretas:

1.— *En el momento de la colonización del Sáhara Occidental por España ¿era aquella una 'terra nullus'?*

2.— *Si la respuesta a la anterior pregunta era negativa ¿Cuáles eran los lazos jurídicos de ese territorio con el Reino de Marruecos y con Mauritania?* El Tribunal Internacional de Justicia (TIJ) tardó un año en dar a conocer su dictamen, un documento que, lejos de resolver, enturbió más la situación. El texto del dictamen es insostenible por lo contradictorio y merece ser señalado como una indignidad recalcitrante con la que de manera displicente, el Norte, Occidente, imponía sus exclusivos criterios a la hora de dictar cómo debían ser las relaciones jurídicas y sociales en comunidades alejadas de su realidad, no sólo geográficamente, sino social, cultural, religiosa y políticamente. Un texto que, como ya he señalado, se caracteriza por una excluyente visión eurocéntrica, netamente occidental. Es decir, que los miembros del TIJ prescindieron de la realidad—real sobre la que debían pronunciarse, para aplicarse en dirigir una mirada repleta de connotaciones colonialistas.

Cuando el TIJ resolvió negativamente la primera de las dos preguntas planteadas por Marruecos y Mauritania, es decir, cuando reconoció que el Sáhara Occidental no era una *'terra nullus'* a la llegada de España, acto seguido tuvo que responder sobre los lazos jurídicos que vinculaban a la población con ambos países (Marruecos y Mauritania). El Tribunal no pudo obviar el gran número de lazos de tipo racial, lingüístico, cultural, económico, judicial, religioso y administrativos de las tribus que habitaban el territorio con el sultanato marroquí; en el dictamen se reconoce la autoridad del trono jerifiano respecto de estas tribus; sin embargo, aun cuando la parte resolutiva del dictamen —a todas luces más coherente— hubiera sido el reconocimiento de la marroquinidad de ese territorio y de sus gentes, concluyó que todas esas vinculaciones no suponían la existencia de lazos jurídicos de soberanía territorial. Al no constatar la existencia de tales lazos, el tribunal consideraba que no podía modificarse la resolución 1514 de Naciones Unidas respecto a la descolonización del Sáhara Occidental.

Quizá, una de las definiciones más clásicas del concepto Estado la podemos encontrar en la obra del jurista alemán Hermann Heller, que venía a definir el mismo como una *"unidad de dominación, independiente en lo exterior e interior, que actúa de modo continuo, con medios de poder propios, y claramente delimitado en lo personal y en lo territorial"*. Es una definición en la que encaja el caso de Marruecos respecto del Sáhara Occidental. El sultanato de Marruecos había dotado históricamente a ese territorio de poder administrativo-político y judicial, desde alcaldes a gobernadores, a cuyo poder y administración se sometía el territorio.

El dictamen del TIJ se hizo público el 16 de octubre de 1975 y ese mismo día el Rey de Marruecos, Hassan II, sobre la base del reconocimiento de los lazos históricos que se reconocían en el documento, en un mensaje a su país, convocó la 'Marcha Verde', que consistió en la movilización de unos 350.000 civiles que, trasladados hasta

Marrakech, fueron avanzando sin armas sobre el territorio colonial bajo dominación española.

España vivía una grave crisis interna, con el dictador Franco muriéndose en el hospital tras cuarenta años de poder absoluto, no podía optar por una guerra colonial, lo que hubiera servido para situar al estado español fuera de la consideración de las Naciones Unidas. Así pues, pese a algunos movimientos tácticos, como la instalación de campos minados para evitar el avance de los civiles que iban en la 'Marcha Verde', finalmente se firmaron —en los primeros días de noviembre— los denominados *Acuerdos de Madrid'*, por los que España cesaba en la administración del territorio del Sáhara Occidental **devolviendo** el mismo, en sus dos terceras partes a Marruecos y el tercio sur a Mauritania. Para la movilización de aquellos 350.000 civiles marroquíes de la 'Marcha Verde', Hassan II contó con la ayuda 'técnica' de Estados Unidos y el apoyo logístico de Arabia Saudí, que puso a disposición de Marruecos varios aviones de transporte Hércules C-130. La movilización fue realmente muy poderosa pues, en apenas quince o veinte días, todos estaban reunidos en Tarfaya y Abattih, pisando el Sáhara el 6 de noviembre de 1975, portando en las manos la bandera marroquí y ejemplares del Corán. Pero, como decía, en aquella movilización Marruecos contó, entonces, con el apoyo —además de

EEUU y Arabia Saudí— de otros países, algunos tan lejanos como Irak.

Cuando el 9 de noviembre los civiles se aproximaban a El Aaiun, Hassan II ordenó que la 'Marcha Verde' detuviera su avance, ya que las negociaciones tripartitas en Madrid habían dado resultados positivos. El acuerdo se firmó el 14 de noviembre y, en el mismo, se determinaba que Tiris El Gharbia, que incluía Dakhla (Villa Cisneros) quedaban bajo la soberanía de Mauritania, mientras que Saguia El-Hamra estaría bajo la soberanía de Marruecos.

3.- LOS 'ACUERDOS DE MADRID', LA LEGITIMIDAD DE UNA DECISIÓN SOBERANA

Merece la pena detenernos en explicar el verdadero alcance de los denominados 'Acuerdos de Madrid' pues, en contra de la corriente deslegitimadora de los mismos, dirigida por las antenas argelino-propolisarias en España, lo cierto es que aquellos acuerdos se produjeron en el marco de la descolonización promovida por las Naciones Unidas y aceptadas por el Gobierno de España.

Los acuerdos contenían, por una parte, la llamada 'Declaración de Principios' con la que se sentaban las bases desde las que operar la efectiva entrega del territorio a Marruecos y Mauritania y, por otra parte, se firmaban una serie de convenios en materia de cooperación económica e industrial y en materia de pesca.

Seis puntos constituyen el núcleo de aquellos acuerdos:

En el primero queda establecido que por medio de ese tratado, España ratificaba su *"decidida resolución de descolonizar el territorio del Sáhara Occidental, manifestada de forma reiterada"* ante la Organización de las Naciones Unidas: *"Poniendo término* (fin) *a las responsabilidades y poderes que tiene sobre dicho territorio como potencia administradora"*. En el segundo punto, en coherencia con la *"decidida resolución de descolonizar el Sáhara Occidental"*, con arreglo a las negociaciones propugnadas por las Naciones Unidas entre las partes afectadas *"España procede de inmediato a instituir una administración temporal en el territorio, en la que participarán Marruecos y Mauritania, en colaboración con la Yema'á"* (asamblea de notables saharauis en el territorio protectorado español, asamblea cuyos líderes proponían intensamente la salida de España del territorio). A esa administración temporal se le transmitió el ejercicio pleno de las *"responsabilidades y poderes"* de la administración del territorio. Para ello se acordaba la designación de dos gobernadores adjuntos —un marroquí y un mauritano— para auxiliar al gobernador general, estableciendo *"la terminación de la presencia española para antes del 28 de febrero de 1976"*.

El tercer punto de los acuerdos reconocía a la Yema'á el respeto a su opinión.

Hay que señalar que, desde esos acuerdos y tras el alto el fuego de la vil guerra promovida por el Polisario y sus aliados —Alto el fuego al que se llegó en el año 1991— , las tribus saharauis y sus notables, a lo largo del tiempo, han ido teniendo una presencia permanente y un destacado papel en las decisiones que Marruecos ha ido adoptando en sus provincias del Sur, hasta el extremo de que son los verdaderos protagonistas del Consejo Real Consultivo de los Asuntos del Sáhara (CORCAS) y es con esos saharauis con los que se llega a la propuesta de Autonomía Avanzada para el Sáhara, que Marruecos presentó a las Naciones Unidas en 2007, de la que hablaremos más adelante.

Pero ya en aquellos momentos el máximo exponente nativo que lideraba de la Yema'á, Jatri Uld Said Uld Yumani —en nombre de la Asamblea— juró lealtad al Rey de Marruecos, habiendo sido uno de los impulsores y activistas más vivos de la descolonización española. Baste recordar que si España permitió o promovió la creación de la Yema'a fue porque, en 1967, Yumani inspiró un levantamiento contra la potencia colonizadora hasta el extremo de que la práctica totalidad de los nativos militarizados por España volvieron sus armas contra el Ejército Español; así pues, hemos de señalar, como una falsedad más, aquella afirmación de que España abandonó a los saharauis, como si en esa decisión los propios saharauis, como marroquíes, no hubieran deseado nuestra salida del territorio que España administraba fruto de su presencia colonialista. Desde mitad de los años sesenta, importantes sectores saharauis nos querían fuera de allí y, antes de que operaran los intereses argelinos de forma descarada, la dirección de las revueltas no era otra que el regreso de Marruecos a sus provincias saharianas.

El cuarto punto de los 'Acuerdos de Madrid', definitivamente, pone de manifiesto que los mismos estaban en perfecta sintonía y se inspiraban en lo establecido por las Naciones Unidas, de ahí que en el mismo documento los tres países se comprometían *"a informar al Secretario General de la ONU de lo establecido como resultado de **las negociaciones celebradas de conformidad con el artículo 33 de la Carta de las Naciones Unidas"**.*

El quinto punto señala que *"los tres países intervinientes declaran haber llegado a las anteriores conclusiones con el mejor espíritu de compren-*

sión, hermandad y respeto a los principios de la Carta de las Naciones Unidas, y como la mejor contribución al mantenimiento de la paz y la seguridad internacionales".

El sexto y último punto señalaban, taxativamente, que el contenido del documento entraría en vigor el mismo día en que se publicara en el Boletín Oficial del Estado (BOE) la ***"Ley de Descolonización del Sáhara, que autorice al Gobierno Español para adquirir los compromisos que condicionalmente se contienen en este documento"***.

Ante la actual progresiva desacreditación del Frente Polisario a nivel internacional, por la propia naturaleza del movimiento, y la toma de conciencia general de la complicada 'realidad—real' que se vive en la región Sahelo— Sahariana (realidad en la que resultan muy inquietantes las muestras de porosidad entre elementos del Frente Polisario y de los Campamentos de Tinduf, con la compleja fenomenología criminal en la zona, especialmente con el terrorismo de etiología jihadista) los defensores del Frente Polisario (que no de los saharauis), especialmente en España, último gran bastión del pro— polisarismo, pretenden deslegitimar aquellos acuerdos de 1975, acudiendo a argumentos ciertamente peregrinos como la supuesta no publicación de los mismos en el BOE, así como al falaz argumento de la supuesta ilegitimidad de los actores y la ausencia de legislación para la aplicación del tratado. Los pro— polisarios llegan al extremo de afirmar que, como los acuerdos son una simple declaración de intenciones, no deben ser tomados como verdadero tratado internacional vinculante para el Estado Español.

El mundo del Derecho es también el mundo de las interpretaciones, es cierto, pero si acudimos a la Convención de Viena de 1969 observamos que aquel documento debe ser tomado como verdadero 'tratado internacional', al que se llega por medio de la participación de actores legítimos, que España publicó en el BOE y que existió una legislación aplicable al contencioso.

En el texto introductorio del Convenio de Viena se pone de manifiesto que: Los Estados Partes consideran "la función fundamental de los tratados, en la historia de las relaciones internacionales"; asimismo, reconoce la importancia de los mismos como fuente del derecho internacional y como medio de desarrollar la cooperación pacífica entre las naciones, *"sean cuales fueren sus regímenes constitucionales y sociales; advirtiendo que los principios del libre consentimiento y de la buena fe y la norma 'pacta sunt servanda'* (el contenido de lo pactado se ha de mantener) *están universalmente reconocidos"*.

En ese mismo texto introductorio se afirma que *"las controversias relativas a los tratados, al igual que las demás controversias internacionales, deben resolverse por medios pacíficos"*. *En este punto del Convenio de Viena se recuerda "la resolución de los pueblos de las Naciones Unidas de crear condiciones bajo las cuales puedan mantenerse la Justicia y el RESPETO A LAS CONDICIONES EMANADAS DE LOS TRATADOS"*, para lo cual se tiene en cuenta un principio básico en las relaciones internacionales, reconocido en la Carta de las Naciones Unidas, como es *"la igualdad soberana y la independencia de todos los Estados, de la no injerencia en los asuntos internos de los Estados, de la prohibición de la amenaza o el uso de la fuerza y del respeto universal a los derechos humanos y a las libertades fundamentales de todos y la efectividad de tales derechos y libertades"*.

Los estados firmantes llegan a esa convención internacional "convencidos de que la codificación y el desarrollo progresivo del derecho de los tratados contribuirán a la consecución de los propósitos de las Naciones Unidas enunciados en la Carta, **que consisten en mantener la paz y la seguridad internacionales,** fomentar entre las naciones las relaciones de amistad y realizar la cooperación internacional". Pues bien, los denominados 'Acuerdos de Madrid' se incardinan, perfectamente, en el marco que viene a fijar ese texto introductorio del Convenio de Viena, pero no sólo están afectados por el mismo, sino por el articulado de la propia convención que viene a poner de manifiesto, en el artículo 2.1, que:

a) Se entiende por "tratado" un acuerdo internacional celebrado por escrito entre Estados y regido por el derecho internacional, ya conste en un instrumento único o en dos o más instrumentos conexos y cualquiera que sea su denominación particular.

b) Se entiende por "ratificación", "aceptación", "aprobación" y "adhesión", según el caso, el acto internacional así denominado por el cual un Estado hace constar en el ámbito internacional su consentimiento en obligarse por un tratado.

c) Se entiende por "plenos poderes" un documento que emana de la autoridad competente de un Estado y por el que se designa a una o varias personas para representar al Estado en la negociación, la adopción o la autenticación del texto de un tratado, para expresar el consentimiento del Estado en obligarse por un tratado, o para ejecutar cualquier otro acto con respecto a un tratado.

d) Se entiende por "reserva" una declaración unilateral, cualquiera que sea su enunciado o denominación, hecha por un Estado al firmar, ratificar, aceptar o aprobar un tratado o al adherirse a él, con objeto de excluir o modificar los efectos jurídicos de ciertas disposiciones del tratado en su aplicación a ese Estado.

e) Se entiende por un "Estado Negociador" un Estado que ha participado en la elaboración y adopción del texto del tratado.

f) Se entiende por "Estado Contratante" un Estado que ha consentido en obligarse por el tratado, haya o no entrado en vigor el tratado.

g) Se entiende por "parte" un Estado que ha consentido en obligarse por el tratado y con respecto al cual el tratado está en vigor.

h) Se entiende por "tercer Estado" un Estado que no es parte en el tratado.

i) Se entiende por "organización internacional" una organización intergubernamental".

No parece adecuado, atendiendo a lo establecido en el Convenio de Viena sobre lo que debe tenerse como tratado internacional, dudar de que los Acuerdos de Madrid responden a esa naturaleza. Los jefes de Gobierno de España y Marruecos y un legítimo representante del Gobierno de Mauritania (en este caso fue legitimado para actuar como negociador y firmante el Ministro de Asuntos Interiores del país) acordaron una serie de compromisos en nombre de los respectivos Estados, en unas negociaciones de las que se mantuvo informado al Secretario General de las Naciones Unidas y, especialmente, al Consejo de Seguridad. La 'Declaración de Principios' es un acuerdo internacional inicial, sí, pero que contenía compromisos que debían cumplirse.

El papel del Consejo de Seguridad de la ONU consistió en facilitar que las negociaciones entre las tres partes llegara a buen término; encargó al Secretario General de la ONU que realizara consultas *"sin perjuicio de las negociaciones que las partes involucradas e interesadas puedan emprender de acuerdo con el artículo 33 de la Carta"*, como es el caso que nos ocupa.

El objetivo primordial del Consejo de Seguridad, en esos momentos, era que las negociaciones no sufriesen ningún tipo de obstáculo y más teniendo en cuenta la situación de tensión que en esos días se había generado con la hábil maniobra del Rey Hassan II al organizar la 'Marcha Verde'. La cuestión no era fácil pues, si bien, el fondo de todo el proceso era la descolonización del territorio por parte de España, lo cierto es que la iniciativa de la 'Marcha Verde' introducía elementos de tensión, digamos, muy cercanos al enfrentamiento bélico. De producirse un escenario de guerra, por esa tensión coyuntural, se esfumaría la posibilidad de terminar con la cuestión de la colonización y se abriría un escenario de absoluta incertidumbre en la zona, que afectaría a la seguridad internacional, en las mismísimas puertas de Europa y África. Por el contrario, si aquellas negociaciones llegaban a un término aceptado por los estados concernidos, se evitaría el escenario de guerra, más inmediato, probable y temido por todos, el que se podía generar entre Marruecos y España.

Conformar una 'administración temporal' fue un recurso en el proceso que sirvió eficazmente a los intereses del conjunto de los negociadores, fue aceptado por Marruecos y Mauritania puesto que se establecía un fin determinado de la presencia de la potencia protectoral y, durante ese periodo, ambos países actuarían como co—gobernadores del territorio; a España —esta negociación— le ofrecía el tiempo necesario para el desarrollo legislativo que permitiera su salida del Sáhara, evitando un conflicto armado que —sin lugar a dudas— hubiera sido un obstáculo insalvable en cuanto a su reconocimiento y consideración internacional, puesto que se habría interpretado como una guerra colonial por parte de un país que —no lo olvidemos— era una dictadura y en un periodo en el que la descolonización ocupaba buena parte de la agenda de las Naciones Unidas. Es evidente que, de haberse producido una situación de guerra, jamás se hubiera producido la inmediata y brillante transición a la democracia española que el Rey Don Juan Carlos y

Adolfo Suárez, con la generosidad del resto de fuerzas políticas, fueron capaces de dirigir.

España, en contra de quienes pretenden deslegitimar los acuerdos y sus consecuencias, legisló en el orden interno al respecto. Ni siquiera el argumento de la provincialización del Sáhara supuso una dificultad añadida al proceso, pues fue interpretada en una clave bien distinta a la que hoy pretenden los pro-polisarios. La consideración de provincia se explicó entonces como una autonomización del territorio, una suerte de primer paso para la descolonización que exigía la Organización de las Naciones Unidas. Finalmente, la Ley del Sáhara Occidental fue remitida a las Cortes españolas, por parte del Consejo de Ministros, y el texto fue publicado el 25 de octubre de 1975 en el Boletín Oficial de la institución. En el artículo primero se establece que *"se autoriza al Gobierno a realizar los actos y a adoptar las medidas que sean precisas para llegar a buen fin el proceso descolonizador del territorio autónomo del Sáhara Occidental y realizar las transferencias de competencia que exija dicho proceso"*. El texto legislativo fue remitido a la Comisión de Leyes Fundamentales para que los procuradores a Cortes presentaran sus alegaciones. La tramitación del proyecto de Ley se hace por la vía de urgencia. El día 10 de noviembre de 1975 comienzan, en la citada Comisión, los debates sobre el proyecto legislativo; así, cuando se llegó al inicio de las negociaciones de los Acuerdos de Madrid, la Ley estaba perfectamente orientada a la finalización de la presencia española en el protectorado. El 18 de noviembre se expone el proyecto ante el Pleno de las Cortes y se rechazan, expresamente, las enmiendas que proponían garantizar la independencia saharaui y otra enmienda que dejaba abierta tanto la posibilidad de la autodeterminación saharaui como la de la cesión a Marruecos y es, en este debate, cuando el Gobierno —como he señalado antes— pone de manifiesto que la provincialización del Sáhara no fue más que el primer paso del camino a la descolonización.

Finalmente, el mismo día 18 de noviembre de 1975, se llega a la votación de la Ley sobre Descolonización del Sáhara que quedó aprobada por 345 votos a favor, cuatro en contra y cuatro abstenciones. Al día siguiente, el entonces Príncipe Juan Carlos de Borbón cumple con su obligación legal, sancionar la Ley 40/1975, actuando como Jefe de Estado en funciones.

Paralelamente, en las Naciones Unidas había comenzado el estudio de la cuestión del Sáhara, en la IV Comisión, por lo que se envió el texto de la Ley al embajador Jaime Piniés, ya sancionada, para que lo hiciera llegar al Secretario General de la ONU. Finalmente, la Ley de Descolonización del Sáhara, se publica en el Boletín Oficial del Estado el día 20 de noviembre de 1975, la misma fecha en la que fallecía el dictador Francisco Franco. Ese mismo día, tal como estaba acordado, entran en vigor los 'Acuerdos de Madrid' por puro ministerio de la ley. Así pues, aquellos acuerdos, en contra de lo que argumentan los pro—polisarios, de forma patéticamente desesperada, entraron en vigor por una Ley del Estado Español tramitada con arreglo al ordenamiento vigente y por quién ejercía la legítima potestad para ello.

4.- Argelia, el inicio de la Guerra del Sáhara y primeras vulneraciones masivas de los Derechos Humanos

En aquellos días de octubre y noviembre de 1975, tras los Acuerdos de Madrid y la llegada a la ONU de la Ley de Descolonización, en pleno desarrollo de la IV Comisión, que estudiaba la Cuestión del Sáhara, la gran derrotada fue Argelia. Los líderes argelinos no encontraron el apoyo a sus tesis que —igual que las del Polisario— pretendían una solución al margen de Marruecos, Mauritania y España. El Polisario, siempre desde posturas maximalistas, exigía la entrega del territorio; pretendía, como pretende ahora, la creación *exnovo* de un estado que nunca existió.

Lo cierto es que los dirigentes argelinos, lejos de actuar con los mínimos de inteligencia, prudencia y habilidad, exigibles en las relaciones internacionales, optaron por la beligerancia y las posturas absolutas, que no le dieron resultado; ver cómo su objetivo de lograr una salida al Atlántico se disolvía cual azucarillo en un vaso de agua terminó por sacar lo peor de aquellos gobernantes. Si hubieran optado por la vía de la presentación de enmiendas quizá hubiesen logrado alguna victoria, pero lo cierto es que Argelia —desde ese momento— cosechó una altísima dosis de desconfianza internacional.

La situación llegó entonces al extremo de que el presidente argelino Houari Boumediene amenazó con declarar la guerra contra Marruecos y Mauritania; lo que finalmente ocurriría, aunque la declaración formal la hiciera el Frente Polisario en 1976.

Lo que sí hizo Argelia fue expoliar a miles de marroquíes, que residían pacíficamente en su territorio, por el que habían luchado como voluntarios en la guerra de independencia argelina contra los ocupantes franceses. Las autoridades argelinas ordenaron una persecución total contra estos marroquíes y sus familias, los detuvo y expulsó de su territorio, llegando a separar los matrimonios mixtos, echando al cónyuge que no fuera argelino y expulsando con él a los hijos del matrimonio; se denunciaron incluso violaciones de mujeres. Ésa fue la verdadera declaración de intenciones que puso de manifiesto Argelia al ver que sus intereses no se verían cumplidos. Houari Boumediene fue el verdadero espoleador de la guerra contra Marruecos, utilizando para ello la artificialidad del Polisario, aportando su propia financiación y la que llegaba procedente de Libia. De no lograr su propia salida al Atlántico intentaría la creación de una república en el extremo occidental del Sáhara bajo un gobierno títere. Un estado que, tanto entonces como ahora, de surgir, estaría abocado a la subvención permanente y con muy limitadas posibilidades de mantenerse. Un estado débil con todas las condiciones de posibilidad para transformarse en lo que se denomina 'estado fallido'.

La amenaza de Boumedienne no sólo se materializó en la persecución y violación de todos los derechos de miles de marroquíes que vivían pacíficamente en su territorio, sino que fuerzas argelinas comenzaron a manifestar hostilidades militares contra la soberanía del territorio marroquí con presencia de tropas en el Sáhara y misiones aéreas sobre unidades militares marroquíes desplegadas en la frontera, sobre espacio aéreo jerifiano, con aviones MIG de fabricación soviética. Tal conducta fue respondida por Marruecos de inmediato, ordenando el desplazamiento de unidades de aviones de combate F—5. Las tropas argelinas se conducían con evidente hostilidad sobre diferentes zonas del territorio marroquí como Tifariti, Bir Lahlou o Mahbes. Su labor no se limitó a manifestarse como amenaza hacia Marruecos, sino que aquellos habitantes que eran capturados terminaban siendo trasladados hasta Tinduf. Quienes manifestaron su voluntad de sumarse a las tesis argelinas y, por ende, a las del Polisario, fueron respetados una vez ubicados en aquellos campamentos que sólo pueden ser considerados como verdaderos campos de confinamiento. Aquellos que se mostraban críticos fueron masacrados, por elementos del Frente, bajo la dirección de elementos argelinos que destacaron por su crueldad en el ejercicio de las torturas y humillaciones más rechazables. El adoctrinamiento inicial, la búsqueda de la afectación de los saharauis al movimiento del Polisario y a la mano argelina que mecía su cuna, se hizo en buena medida mediante el ejercicio del terror.

Aquellas extracciones de saharauis de sus aldeas y pueblos buscaban un objetivo prioritario: acelerar el inicio de la guerra posterior. Así, los saharauis con los que se ha consultado para la realización de esta obra, cuentan que cuando eran llevados a la zona de Tinduf, bajo las órdenes de elementos militares y de la inteligencia argelina, las mujeres y los niños eran ubicados en campamentos en el Este y Sureste de la zona. Mientras, los hombres, empezando por los dirigentes, eran trasladados hasta unos campamentos destinados exclusivamente a labores de adoctrinamiento y entrenamiento en técnicas de guerrilla. A decir de todas las fuentes que hemos consultado, el campamento más destacado fue el que tenía como nombre *Jeninat*, abierto para tales fines en el año 1975.

Los temibles servicios de inteligencia argelinos operaron en los campamentos donde se instalaban a las mujeres y los niños, con el objetivo de lograr en el tiempo mínimo posible desestructurar las relaciones entre aquellas personas que tuvieran algún lazo afectivo, social o tribal. En esa conducta hemos de identificar una de las acciones más aberrantes de las cometidas por Argelia contra los saharauis y del propio Polisario con 'su' gente: atacar la propia idiosincrasia saharaui que se caracteriza por su organización tribal.

Paralelamente, los argelinos fueron seleccionando a unos muy determinados líderes cohesionados para mantenerse al frente, promocionando una mala suerte de nuevas tribus o clanes familiares, que son los que ejercen el poder en ese movimiento endogámico y dictatorial. En definitiva, aquello fue una verdadera acción de 'laboratorio social' . Tanto en los campos de adoctrinamiento y entrenamiento donde estaban los hombres, como en aquellos campamentos donde estaban las mujeres y niños, se puso en marcha un terrible pero eficacísimo sistema de 'informadores' que delataban a cualquiera que se mostrara crítico, lo que entonces conllevaba la ejecución inmediata o la detención y sometimiento a la tortura para que, a su vez, se delatara a otros elementos críticos. Como en muchas dictaduras, la delación se pagaba en forma de mejores condiciones de vida en los campamentos, lo que favoreció —según todas las fuentes consultadas— que quien tuviera rencillas de cualquier tipo las vengara denunciando cualquier falsedad. Argelia y sus ejecutores asentaron el miedo entre los confinados hacia quienes ejercían el poder y, también, la desconfianza entre los que habían sido llevados a los campamentos de Tinduf.

Estamos a finales de 1975, aún no se había declarado formalmente la guerra entre el Frente Polisario y Marruecos.

En esos momentos, tras los 'Acuerdos de Madrid', tanto Mauritania como el reino marroquí empezaron a desplegar sus fuerzas en las zonas asignadas en los mismos; mientras, Argelia se afanaba en ir militarizando, definitivamente, la estructura del Frente Polisario. Señalemos que este movimiento, como tal, existía desde el año 1973. El mismo había realizado sistemáticos ataques terroristas desde entonces, especialmente contra intereses españoles. El Polisario y sus defensores en España pretenden afirmar que jamás actuaron como terroristas, cuando en realidad es lo que fueron desde sus primeros momentos. El Frente Polisario celebra como día del aniversario de su fundación la del 20 de mayo. Fue ese día del año 1973 cuando realizó su primera acción armada, ejecutada por un grupo que lanzó un ataque al destacamento militar español de *Janga*, en forma de ataque terrorista. Este tipo de acciones contra intereses españoles continuarían durante años, especialmente mediante la colocación de minas en aquellos lugares por los que debían circular las patrullas militares marroquíes y mauritanas y contra objetivos españoles, militares y civiles. También ejecutaron emboscadas contra patrullas, empleando no sólo armas de fuego, sino pasando a cuchillo a sus víctimas. La región de Tan—Tan fue el escenario donde este tipo de acciones terroristas tuvieron una mayor importancia en aquellos momentos; de hecho, aun estando presentes tropas españolas, a finales del mes de octubre, los militares marroquíes tuvieron que emplearse a fondo en *Al Farsía* hasta conseguir expulsar una unidad combatiente, supuestamente del Polisario, en la que participaban militares argelinos.

El despliegue militar marroquí y mauritano, dimanante de los mencionados acuerdos tripartitos, llevó a la ubicación —en las diferentes regiones— de unidades cuyo fin era la pacificación y su preparación ante lo que podría ser una guerra abierta como la que había sido anunciada por Argelia, cuyas maniobras y escarceos belicosos no hacían presagiar buenos augurios. Argelia fue pre-definiendo el escenario bélico que habría de producirse a partir del año 1976, cuando el Polisario declarara formalmente la guerra tanto a Mauritania como a Marruecos.

A los ocho días de publicarse en España la Ley de Descolonización (20 de noviembre de 1975) y, por ello, entraran en vigor los 'Acuerdos', una unidad militar de Marruecos estableció un cinturón entorno a la ciudad de *Smara*. Esa misma noche, el Frente Polisario, con aportaciones de material argelino, lanzó un ataque de mortero tanto contra los militares como contra la población civil.

Marruecos, de forma sistemática, trataba de implantar en las poblaciones que eran atacadas servicios básicos, desde electricidad hasta correos, así como el suministro de víveres, pero Argelia mantenía sus operaciones pseudomilitares y de desestabilización, tratando de captar, capturar o movilizar a los habitantes de la zona para que se opusieran a Marruecos y a Mauritania y que viajaran hasta Tinduf. No sólo se trataba de operaciones militares, sino que incluso se emitían programas desde la radio oficial argelina para provocar la desafección de la población hacia a ambos países.

Si los dirigentes argelinos ordenaban acciones militares contra Marruecos (aunque encubiertas bajo la identidad del Polisario) contra Mauritania, más débil militarmente, lanzó ataques abiertos, como sucedió en el mes de enero de 1976, cuando tropas argelinas rodearon la ciudad de *Ain Bentilli*, debiendo acudir la aviación militar marroquí en apoyo, tras la petición de ayuda lanzada por Mauritania, que finalmente se rindió ante los argelinos. Ese mismo mes, Marruecos actuó decididamente para expulsar a los militares encubiertos del régimen de Argel y a las unidades que actuaban abiertamente como Fuerzas Armadas en los territorios devueltos por España al Reino de Marruecos y así fue como muchas de las unidades argelinas, al detectar los movimientos de tropas, huyeron de posiciones como *Mhabes* para retirarse hasta *Tinduf*.

Al sur de *Smara*, en *Amgala* sí ofrecieron alguna resistencia, pero las tropas marroquíes terminaron por expulsar a las argelinas en un día, retirándose éstas hasta posiciones cercanas a *Tifariti*. *Amgala* sería entonces un escenario deseado por Argelia. Desde Argel, aprovechando un imprudente repliegue de parte de las unidades marroquíes, se decidió entonces el envío de una unidad de comandos paracaidistas que, en una acción sorpresa, cayeron sobre el territorio, matando a cuchillo a los soldados marroquíes que defendían sus posiciones.

Ése era el papel de Argelia en los meses previos a la declaración de guerra por parte del Frente Polisario, convirtiéndose en el actor no declarado, pero el verdadero actor, de una guerra cruel, absolutamente innecesaria.

El régimen argelino ha tratado siempre de decir que su ayuda estaba inspirada por el sentimiento de apoyo a los pueblos y sus movimientos revolucionarios; debía ser el mismo espíritu que le llevó a dar cobertura y protección durante años a los terroristas de ETA y a otros elementos despreciables, como el terrorista internacional Illich Ramírez, 'El Chacal'.

Entre el 26 y el 27 de febrero de 1976, conforme a los compromisos adquiridos por España, sus tropas militares abandonan el territorio. Lo cierto es que los españoles terminamos de salir de El Aaiun, dejando el lugar como un solar, con la red de conducción de agua saboteada, el saneamiento destruido y con las instalaciones de electricidad pública arrancadas. Me pregunto si fue aquella una conducta atribuible a una decisión de Estado o la expresión del enfado de parte de una población, fundamentalmente militar, que tomó la decisión del último gobierno franquista, presidido por Arias Navarro, como una traición a quienes, defendiendo los intereses españoles, habían dejado allí buena parte de los mejores años de su vida.

Lo cierto es que ese mismo día, anunciado por el presidente Boumediene y los escogidos líderes del Frente Polisario, se lanzan al mundo dos noticias, la creación de una fantasmal —por inexistente— República Árabe Saharaui Democrática (RASD) y la declaración de guerra contra Marruecos y Mauritania. El 28 de febrero es cuando se produce el acto de arriado de la bandera española en *Dakhla* (Villa Cisneros) y *El Aaiun*, así como el izado de las banderas de Mauritania y Marruecos, respectivamente.

En los mensajes lanzados al mundo por el presidente argelino se llegó a decir que la RASD tenía su capital en *Bir Lahlou*, cuando en realidad las únicas tropas destacadas allí eran las de Marruecos. No estaba presente el Frente Polisario ni fuerzas militares argelinas, que en realidad habían abandonado el territorio tras las batallas de *Amgala,* a las que he hecho referencia anteriormente.

Buena parte de la guerra que oficialmente se declaró en aquel momento por el Frente Polisario se desarrolló en el ámbito de la información, en el que Argelia, con el apoyo de la antigua Unión Soviética, llevó la iniciativa. Se hablaba de la

RASD como una verdadera realidad, cuando la única realidad es que nunca existió más que en la imaginación de sus 'creadores'. Y sigue sin existir.

El Frente Polisario, con sus apoyos más inmediatos de Argelia y Libia, pero también con el apoyo de instructores militares cubanos, fue equipado con el armamento básico más avanzado del momento, el sempiterno Kalashnikov; las potentes ametralladoras soviéticas, modelo Douchka; los morteros del 82, los lanzacohetes antitanques RPG 7 y 10, que en los años 60 fueron verdaderamente mejorados por la URSS; cañones B—10 y diferentes tipos de misiles, entre los que destacaba los de tierra— aire, SAM—7.

5.- LA GUERRA

La guerra entre Argelia (y su artificial creación, el Frente Polisario) contra Marruecos y Mauritania finalizó, con este segundo país, en 1979. La débil estructura militar mauritana, con unos 10.000 soldados, no soportó el conflicto prolongado contra dos enemigos, el propio Frente Polisario y Argelia. La guerra se mantuvo contra Marruecos hasta el alto el fuego que, por mediación de la ONU, se alcanzaría en el año 1991.

Hasta mediados de los ochenta el pulso entre ambos bandos, el integrado, por una parte, por Argelia/Polisario y sus aliados, y por otra Marruecos, se mantuvo regular en el terreno de combate. Pero la construcción de un muro defensivo, el despliegue militar y la intensificación de las acciones marroquíes fue debilitando progresivamente a los polisarianos que, durante esos años, buscando una cierta internacionalización del conflicto, no dudaron en lanzar acciones de estricta naturaleza terrorista contra intereses de España, asesinando, secuestrando y torturando a cientos de españoles, muchos de ellos simples pescadores.

La vulneración de Derechos Humanos no se manifestaba sólo durante los combates; dentro de los campamentos, en la región de Tinduf, y en otras zonas de Argelia, bajo la directa supervisión de oficiales argelinos, se dispensó a diario y de forma sistemática continuas torturas materializadas en interrogatorios a base de golpes, trabajos forzados durante los cuales, los vigilantes de los presos, se esmeraban en apalear a éstos con gruesos cables eléctricos.

Cientos y cientos de estos presos murieron como consecuencia de aquellas torturas y otros tantos permanecieron detenidos bajo la dirección del Polisario y de Argelia durante más de 25 años, un cuarto de siglo, tiempo en el que fueron tratados como ganado, exhibidos como trofeos ante medios de comunicación con la participación cómplice en el espectáculo de periodistas, cuya ética personal y profesional, rayaba en lo delictivo. Alguno de esos periodistas pretenden constituirse en defensores de causas humanitarias, cuando no han sido otra cosa que el brazo armado, con pluma y tinta, de una banda sin escrúpulos. Argelia se convirtió en un país donde el derecho internacional aplicable brillaba por su ausencia.

Los Derechos Humanos son un concepto que el Frente Polisario y la hipócrita oligarquía argelina tan sólo manejan como argumentario para montar ciertas diatribas políticas internacionales, pero no como un concepto interiorizado. El encarnizamiento, la crueldad, la deshumanización, la falta de compasión encuentran en la guerra su más propicio escenario, especialmente en el momento del enfrentamiento directo. Una suerte de derecho internacional, de leyes de guerra, establecen —eso sí— el comportamiento que ha de observarse con aquellos seres humanos que caen presos. El Frente Polisario y Argelia pusieron en marcha auténticos mecanismos de destrucción de la personalidad y de la dignidad de los presos, desde palizas en grupo por parte de individuos dotados de gruesos cables eléctricos —esta forma de tortura fue constante durante veinte años— a sometimientos a escarnio público ante personas a las que se motivaba de manera especial y que terminaban pasando, una a una, golpeando a los presos.

He tenido la oportunidad de conocer personalmente a alguno de los soldados marroquíes que sufrieron aquellos escarnios y que Argelia mantuvo bajo arresto desde finales de los años setenta hasta después del alto el fuego de 1991. Todos los testimonios, incluso de quienes fueron en esa época miembros del Frente Polisario, coinciden en señalar que la vulneración de derechos fundamentales fue una constante que Argelia inducía y permitía. El mantenimiento de los presos en zulos de menos de dos metros cuadrados, excavados en el suelo, durante meses, las palizas constantes, las vejaciones y humillaciones que se practicaban en la mayor parte de los casos por parte de verdaderas bestias humanas del Frente Polisario (con la connivencia de miembros de los propios servicios argelinos y de militares de este país) son las notas características de lo que hicieron argelinos y polisarios aprovechando la iniquidad de la guerra.

El Polisario utilizó la indefinición propia de que no es un Estado y maniobró fuera del Derecho, obviando cualquier obligación legal y moral con los presos. Por su parte, Argelia, país desde el que operaba y opera este movimiento, tampoco hizo nada

—más bien al contrario— de lo que las Leyes de Guerra imponen en cuanto al trato a los detenidos:

Los prisioneros de guerra están en poder de la potencia enemiga, y no de los individuos o de los cuerpos de tropa que los hayan capturado. Independientemente de las responsabilidades individuales que pueda haber, la potencia detenedora es responsable del trato que reciban.

Los prisioneros de guerra no pueden ser transferidos por la potencia detenedora más que a otra potencia que sea parte en el Convenio y cuando la potencia detenedora se haya cerciorado de que la otra potencia desea y puede aplicar el Convenio. Cuando los prisioneros hayan sido así transferidos, la responsabilidad de la aplicación del Convenio incumbirá a la potencia que haya aceptado acogerlos durante el tiempo que se le confíen.

Sin embargo, en el caso de que esta potencia incumpla sus obligaciones de aplicar las disposiciones del Convenio en cualquier punto importante, la potencia que haya transferido a los prisioneros de guerra deberá, tras haber recibido una notificación de la potencia protectora, tomar medidas eficaces para remediar la situación, o solicitar que le sean devueltos los prisioneros de guerra. Habrá de satisfacerse tal solicitud.

Los prisioneros de guerra deberán ser tratados humanamente en todas las circunstancias. Está prohibido y será considerado como infracción grave contra el presente Convenio, todo acto ilícito o toda omisión ilícita por parte de la potencia detenedora, que comporte la muerte o ponga en grave peligro la salud de un prisionero de guerra en su poder. En particular, ningún prisionero de guerra podrá ser sometido a mutilaciones físicas o a experimentos médicos o científicos sea cual fuere su índole, que no se justifiquen por el tratamiento médico del prisionero concernido, y que no sean por su bien.

Asimismo, los prisioneros de guerra deberán ser protegidos en todo tiempo, especialmente contra todo acto de violencia o de intimidación, contra los insultos y la curiosidad pública.

Están prohibidas las medidas de represalia contra ellos.

Nada de lo que acabamos de citar se aplicó por parte de Argelia ni de su brazo ejecutor, El Polisario, durante el conflicto.

6.- HITOS DESTACADOS

Tal como mencionaba en la introducción, esta obra no es un manual histórico, sino una mirada crítica respecto a la artificialidad del diferendo del Sáhara y el Frente Polisario; pero sobre todo quiere ser una denuncia pública de como, con la connivencia de Argelia, este movimiento ha terminado por convertirse en un instrumento sistemático de vulneración de los Derechos Humanos más fundamentales. Ante esta realidad la ONU hace la 'vista gorda' en una conducta permisiva vergonzosa, de la que es responsable actualmente el secretario general Ban Ki Moon y, muy especialmente, su enviado personal Christopher Ross; las vinculaciones de éste con Argelia y sus intereses no se ocultan a nadie; se trata de una conducta que debiera ser corregida por la Comunidad Internacional.

Igualmente esta obra quiere ofrecer los elementos de análisis racionales suficientes para advertir que el Polisario y sus reivindicaciones, con el apoyo de Argelia, se ha convertido en una puerta abierta a la inseguridad internacional en un área del mundo que es especialmente delicada para la Unión Europea en general, pero muy específicamente para España y Francia.

Antes de abordar esos dos análisis, con la intención de disponer de mayores elementos de juicio respecto de lo acontecido desde la salida de España del Sáhara Occidental hasta la actualidad, es conveniente reparar en algunos de los acontecimientos más señalados.

En **1976,** como ya expliqué, España se retiró del Sáhara en aplicación del tratado internacional firmado en Madrid junto a Mauritania y Marruecos; así como en aplicación de la Ley sobre el Sáhara Occidental aprobada por las Cortes Españolas y publicadas en el BOE de 20 de noviembre de 1975, que establecía la salida definitiva del Ejército Español en Febrero de 1976. El 27 de febrero, Argelia es quien anuncia que se ha creado la República Árabe Saharaui Democrática y que su capital estaba en *Bir Lehlu*, en una maniobra de engaño masivo, pues esa ciudad estaba bajo control de Marruecos y la tal república ni existió en la historia, ni se creó en ese momento, ni existe en la actualidad.

Acto seguido es el Frente Polisario quien declara la guerra contra Mauritania y Marruecos, países que estaban realizando sus despliegues sobre el territorio en virtud del tratado con España. Era la guerra que había anunciado el presidente argelino Boumedienne, aunque finalmente, el actor declarado fuera el mencionado movimiento que, recordemos, nació en 1973 y cuya primera acción fue un ataque terrorista contra militares españoles.

Iniciadas las hostilidades, el carismático Sayed Lulei El Uali lidera el movimiento, si bien siempre hubo en su entorno deseos promovidos por la propia Argelia, de tratar de eliminar ese liderazgo para que el mismo pasara a alguien más controlable y vinculado a sus particulares y bastardos intereses, como sucedió después de que, supuestamente en una acción de combate, El Uali muriera en los primeros días de junio de 1976. Cuando se conmemoraba el primer aniversario de los 'Acuerdos de Madrid', el 14 de noviembre de 1976, un joven líder del PSOE, Felipe González, viajó junto a otros representantes del partido político español, hasta los campamentos de Tinduf. Allí, en un ejemplo más de la falta de perspectiva de nuestros políticos, dirigió un incendiario discurso en el que se sumaba a los gritos de guerra del movimiento independentista, asegurando que el PSOE apoyaría al Frente Polisario *"hasta la victoria final"*. El PSOE haría un seguidismo acrítico de las posturas del Frente y de Argelia hasta el año 1982, cuando ganó las elecciones y tuvo que enfrentarse como Gobierno a los actos de terrorismo de este movimiento contra trabajadores españoles, pescadores y militares. Felipe González, como presidente del Gobierno, terminó ordenando la expulsión de España de los representantes polisarios en 1985.

Las acciones del movimiento independentista, siempre con el apoyo estratégico, táctico y logístico de Argelia, fueron especialmente intensas los dos primeros años de guerra (**1976—1978**), llegando a lanzar ataques en el interior de Mauritania y alcanzando a su capital. Un año más tarde, Mauritania firma un alto el fuego con el Frente Polisario, manteniéndose el conflicto, a partir de ese momento, contra Marruecos, así como, con acciones de naturaleza terrorista, contra España.

Marruecos mantuvo su determinación a la hora de defender su soberanía y la marroquinidad histórica del territorio, logrando su implantación en el conjunto del mismo.

La desaparición de Mauritania del conflicto fue el momento en el que determinados países prestaron un cierto reconocimiento a la irreal RASD, la inmensa mayoría vinculados —dentro del contexto de la política de bloques— con la extinta Unión Soviética. Así fue como la RASD fue admitida inicialmente en la organización para la Unión Africana (OUA) en 1982, lo que generó las protestas del Reino de Marruecos. Finalmente, la inexistente RASD fue admitida en la OUA, con status propio, en el año 1984, lo que provocó que Marruecos abandonara esa organización internacional de forma inmediata.

Según los datos más optimistas que difunde el propio Frente Polisario, al año siguiente llegaron a tener el reconocimiento de hasta sesenta países. La realidad es que muchos de esos reconocimientos no pasaron de ser meras tomas de conocimiento formal de la existencia del Frente Polisario, de sus reivindicaciones y de su enfrentamiento como fuerza beligerante en el conflicto del Sáhara y, la realidad es que, desde entonces, los reconocimientos internacionales han ido desapareciendo, incluso aquellos más significativos, como los que se han hecho públicos recientemente. Panamá, que fuera el primer país latinoamericano que reconoció al Polisario, ha rechazado expresamente tal reconocimiento y apoya los esfuerzos de la ONU para la solución pacífica al diferendo, haciendo un expreso reconocimiento al Plan de Autonomía propuesto por Marruecos. Paraguay, igualmente, ha manifestado su no reconocimiento a la RASD ni al Frente Polisario, apoyando expresamente al Reino de Marruecos.

Así pues, podemos identificar el año 1984 como el momento más álgido en cuanto a los intereses del Frente Polisario y los no declarados de Argelia. A partir de entonces, especialmente en el terreno militar, Argelia y su movimiento independentista empezaron a cosechar grandes fracasos, especialmente cuando Hassan II ordenó la construcción del muro defensivo que protege el territorio marroquí, de Norte a Sur, en esa área, a lo largo de más de 2.700 kilómetros. Una infraestructura así, en pleno desierto, pone bien a las claras el esfuerzo y la determinación marroquí por la defensa de la soberanía en sus provincias del Sur.

Paralelamente al desarrollo de la cruenta guerra, en la que Argelia siempre actuó como actor no declarado, la ONU fue desplegando esfuerzos para elaborar un plan de paz al que se llegó durante el verano de 1988. Ambos contendientes otorgan su visto bueno y comienza la planificación del alto el fuego. Igualmente se prepara el envío de cascos azules al territorio, con el objetivo de supervisar las condiciones del final provisional de las hostilidades y ver la posibilidad de organizar un referéndum para decidir sobre el futuro de lo que se ha venido en denominar 'Sahara Occidental'.

Las negociaciones previas a llegar al alto el fuego de 1991 encontraron su principal dificultad cuando se llegó a valorar qué personas podrían o no podrían votar en un eventual referéndum de consulta. El Frente Polisario venía a exigir que el proceso debía atenerse a un censo que había realizado España en 1974, antes de acordar su salida del Sáhara. La realidad es que ese censo nunca se ha revelado como válido, pues fue realizado sin las debidas garantías y, además, nunca fue publicado oficialmente. Por su parte, Marruecos exigía que habría de tenerse en cuenta a las personas que vivían allí al momento de producirse esas negociaciones.

Las diferencias sobre el censo han sido el elemento central para que el referéndum no haya llegado a celebrarse y, teniendo en cuenta la realidad, no llegue a celebrarse en el futuro. Las diferentes hipótesis censales que durante años se han llegado a barajar, en algunos momentos, podrían haber conducido a la esperpéntica situación de que el eterno jefe del Frente Polisario, Mohamed Abdelaziz, no podría votar porque ni siquiera es saharaui de nacimiento (sí lo es de descendencia). Abdelaziz es de Marrakech, hijo de un militar de las Fuerzas Reales Marroquíes que se mantuvo leal a su país. Por otra parte, el Polisario llega a pedir que no puedan votar personas que durante generaciones han vivido allí, en su país, como si el territorio hubiera sido un todo homogéneo, desde el punto de vista poblacional; es decir, negando la realidad—real, negando la historia y el derecho de miles de personas a vivir en la que ha sido y es su tierra (siempre bajo la soberanía del Reino de Marruecos).

Por fin, el 29 de abril de 1991, el Consejo de Seguridad de las Naciones Unidas, mediante la resolución 690, estableció un despliegue militar bajo la denominación del acrónimo MINURSO (Misión de Naciones Unidas para el Referéndum en el Sáhara Occidental). Una vez adoptada esta decisión, el despliegue de los cascos azules no se retrasó mucho, instalándose en las provincias del Sur de Marruecos ese mismo año. En realidad la MINURSO tan sólo ha servido para observar el mantenimiento de las condiciones del alto el fuego. El referéndum es algo imposible si nos atenemos a la inamovibilidad de posiciones, especialmente por parte del Frente Polisario y su idea única respecto del concepto autodeterminación.

El movimiento independentista se ha mantenido fiel a los intereses dictados desde Argelia frente a Marruecos que, desde el principio, ha trabajado en el desarrollo de la zona, que en la actualidad ofrece unas condiciones de calidad de vida impensables hace apenas veinticinco años en todo el territorio. Marruecos ha favorecido la implantación de actividad económica, servicios sociales, infraestructuras sanitarias y energéticas, etc. Marruecos abordó la organización territorial estableciendo diferentes provincias, con sus órganos de representación y administrativos y se realizaron censos de población, que tampoco fueron admitidos por el Polisario.

Todos los planes diseñados desde Naciones Unidas han estado abocados al fracaso, incluso cuando algunos fueron evolucionando como en el periodo de representación especial del que fuera secretario de Estado de los Estados Unidos, James Baker. Tampoco han sido eficaces las negociaciones directas e informales auspiciadas por la ONU, celebradas —casi siempre— a las afueras de New York, aunque alguno de tales encuentros se han celebrado en otros lugares como Malta. La inamovilidad en las posiciones del Polisario, perfectamente calculada y establecida por Argelia, choca con la evolución de posiciones de parte de

Marruecos, que ha llegado a proponer una regionalización avanzada, una autonomía, cuyas bases ha incorporado a su propia Constitución.

7.- UN PARÉNTESIS PARA LA REFLEXIÓN

Los nacionalistas y separatistas catalanes, manipulando burdamente la historia, aprovechando la crisis económica, tratan de asentar la idea de que España es una potencia colonizadora, llegando a afirmar —en un verdadero ejercicio de esquizofrenia— que Cataluña no es España. Esto resulta indignante para el conjunto de españoles, también catalanes, que ven claramente en estas maniobras un ataque frontal a la soberanía española y una afrenta a la historia del país más antiguo de Europa. *¿Qué pensarían los españoles de cualquier institución internacional que pretendiera darle la más mínima cobertura a algo así? ¿Qué pensarían los españoles si observaran que otro país, persiguiendo intereses espurios, apoyara a los nacionalistas y separatistas catalanes?* Pues ésta es la misma realidad que se produce en las provincias del Sur de Marruecos. Los marroquíes, ni nadie con un mínimo sentido común y respeto por la realidad de la historia, pueden aceptar que se plantee la cesación de su soberanía para que, además, el territorio, se convierta en un estado 'ex novo' al servicio de los intereses de un país como Argelia, que siempre ha procurado la desestabilización interna de Marruecos y el control geoestratégico y político del área concernida. Los marroquíes demostraron durante los años de guerra, y después, que aquella es su tierra y que están dispuestos a defender, hasta las últimas consecuencias, la marroquinidad de su Sáhara.

8.- OTROS HECHOS DESTACADOS

Como decía, en 1991 se llega al alto el fuego y se pretendía que, para finales de enero de 1992, se celebrara el referéndum. Ésta es una prueba más del grado de desconocimiento o malicia con el que puede actuar la ONU. Pensar que en menos de un año iba a celebrarse esa consulta, pone de manifiesto la desidia, la falta de consideración, que en esos momentos existía sobre los actores africanos. En definitiva, que Occidente iba a llegar allí, como tantas veces en la historia, a imponer sus deseos y sus intereses estratégicos. Parece mentira que después de los procesos de descolonización se mantuviera esa actitud. Prueba de esa impúdica desidia política e intelectual es que estamos en el año 2013 y la IV Comisión de las Naciones Unidas sigue hablando de esta cuestión. He participado los últimos cinco años en ese comité especial de la ONU como peticionario. Cada año, durante esos días, me entrevisto personalmente con responsables de las representaciones internacionales ante las Naciones Unidas y, algunos de esos técnicos, incluso de países situados ideológicamente de forma más cercana al Frente Polisario, ya no contemplan que pueda materializarse una solución al diferendo con los criterios de los años setenta del siglo pasado. Sobre todo porque, como me llegó a decir un representante latinoamericano, *"en aquella época muchos de los gobiernos salidos de procesos revolucionarios, en realidad, apenas sabían ubicar el territorio en disputa; tan sólo había vinculaciones ideológicas y estratégicas en función de intereses que nada tenían que ver en realidad con ese conflicto"*.

Ante la situación, el entonces secretario general de la ONU, Boutros Ghali (en 1993) intentó una negociación directa entre las dos partes reconocidas en el conflicto. Al mismo tiempo las propias Naciones Unidas inician unos trabajos, que se mantienen inconclusos, para intentar realizar un censo. Esta acción se prolonga hasta que en el año 1996 el propio Consejo de Seguridad decide paralizar el proceso y reducir el número de efectivos de cascos azules de la MINURSO. En mi opinión, es en este momento cuando se toma conciencia del disparate imposible que se pretende cometer. Se adoptan nuevas decisiones, produciéndose desencuentros permanentes, porque sistemáticamente se ha pretendido obviar la vida de decenas de miles de marroquíes en ese territorio, después de que el mismo fuera devuelto por España. Hacer un censo, dando la espalda a la realidad, provocó que se presentaran decenas de miles de impugnaciones.

9.- FALLECIMIENTO DE HASSAN II Y LLEGADA AL TRONO DE MOHAMED VI

En 1999 se produce el fallecimiento del Rey Hassan II y llega al trono su hijo, el actual monarca, Mohamed VI. De nuevo, algunos analistas y 'estrategas', así como algunas instancias internacionales, manifestando un grave desprecio a la historia, dignidad y realidad del pueblo marroquí, pensaron que la incertidumbre del relevo en la jefatura del Estado del Reino de Marruecos abriría la posibilidad a la finalización del diferendo. Nada más lejos de la realidad.

Mohamed VI tenía unos 36 años cuando llegó al trono. Joven, pero muy preparado, llevaba representando a su augusto padre, en misiones internacionales, durante años. Conocía a buena parte de los principales líderes africanos. S.M. Mohamed VI cuenta con una profunda formación en el mundo del Derecho, la Economía y las Relaciones Internacionales; se licenció en Ciencias Jurídicas, Económicas y Sociales en la Universidad de Rabat, realizando una memoria de fin de carrera que dedicó al análisis de la Unión Africana y a las estrategias de

Marruecos en el ámbito de las relaciones internacionales. Obtuvo dos certificados de estudios superiores en Derecho Público y Ciencias Políticas y, a continuación, marchó a trabajar, en una estancia tutelada en la Unión Europea, junto a Jack Delors que, en esos momentos, presidía la institución comunitaria. Finalmente, en 1993, alcanzó el grado de doctor en la Universidad de Niza—Sofia con la tesis *"La cooperación entre la Comunidad Económica Europea y la Unión del Magreb Árabe"*. En el año 2000, la prestigiosa universidad 'George Washington' de los EEUU le concedió el título de Doctor Honoris Causa.

Mohamed VI manifestó desde el minuto primero de su reinado una firme voluntad por el desarrollo del país, por superar cualquier episodio del pasado que pudiera mantener vivo algún rencor. Se esforzó en que desde la propia ley se produjera una igualación de los derechos de hombres y mujeres. Su aperturismo, su apuesta por la vivencia de la tradición y la religión islámica desde la tolerancia y el respeto, le ganó el cariño y el reconocimiento del pueblo marroquí.

Es un Rey que mantiene una muy viva relación con su pueblo, con un constante contacto con el mismo, cercano a las personas que sufren y, al mismo tiempo, se ha consolidado como uno de los más importantes líderes africanos y del mundo árabo-musulmán por sus firmes compromisos internacionales.

Pero si toda esa altísima bohonomía alguien la confundió, en algún momento, con debilidad, se equivocó absolutamente. Mohamed VI ha sabido implementar las políticas de desarrollo más eficaces en las provincias del Sur del país, dirigiendo toda su actuación a la más firme defensa de la soberanía territorial de Marruecos, con un claro compromiso en la promoción de la calidad de vida de todos los habitantes.

Progresivamente, desde el año 1991, se han ido produciendo importantes posicionamientos internacionales a favor de la marroquinidad del Sáhara Occidental. De forma paralela, el Polisario ha ido cosechando desafecciones internas masivas dentro de sus filas, incluyendo importantes nombres de quienes estuvieron y participaron en su fundación. Muchos han regresado a Marruecos, incorporándose incluso a las actividades diplomáticas del reino jerifiano, y ocupando puestos tan relevantes como cónsules generales o embajadores del propio monarca.

El Reino de Marruecos, con los saharauis del territorio como protagonistas, constituyó un Consejo Real (CORCAS) para los asuntos del Sáhara Occidental.

Marruecos participa activamente y con el ánimo puesto en el avance de la situación en las diferentes rondas de negociaciones directas con el Polisario organizadas por las Naciones Unidas.

Sin lugar a dudas, el movimiento más importante desde que se iniciara este artificial conflicto se produce, como ya he mencionado, con la propuesta de Regionalización Avanzada que hizo Marruecos, que incluso ha terminado por incorporarse a la nueva constitución del Reino, votada mayoritaria y masivamente por los marroquíes, de Norte a Sur, en el año 2011. La propuesta fue planteada en el seno de la ONU y ante las potencias internacionales, alguna de las cuales han manifestado su apoyo expreso, como Francia o Estados Unidos, que han reconocido la seriedad y viabilidad de la misma, incluso, en el seno del Consejo de Seguridad.

10.- LA REGIONALIZACIÓN AVANZADA

Algunos grupos de apoyo al Frente Polisario, durante años, han vendido la idea de que todos los saharauis están detrás, *'prietas las filas, rectas marciales'*, del movimiento independentista. Nada más lejos de la realidad.

En el verano de 2010, tras más de dos años de trabajos en la configuración de la Regionalización

Avanzada, especialmente para las provincias del Sáhara Occidental, coincidiendo con la festividad de la Revolución del Rey y del Pueblo, Mohamed VI pronunció un discurso preclaro de hacia dónde debía caminar la organización territorial de Marruecos, no como respuesta a tensiones ni a conflictos, sino como una verdadera apuesta en favor del desarrollo del país y la calidad de vida de sus ciudadanos. Los jefes de tribus saharauis saludaron el contenido del discurso real respecto al plan autonómico; entre otros Nafaâ Sid Azzine o Sidi Mahmoud Daoudi quienes, respectivamente, manifestaron su pleno y total apoyo a la iniciativa de autonomía propuesta por SM el Rey, *"apoyando expresamente la defensa de la integridad y la soberanía nacional marroquí"*. En este mismo sentido se manifestaron líderes sociales saharauis, como Ahmed Sallay.

La cohesión interna del espectro político interno de Marruecos, respecto a los discursos reales sobre esta materia, es un elemento central que debe hacernos ver que, sobre la soberanía y marroquinidad del Sáhara, no se expresa sólo un deseo institucional de la Corona marroquí, sino que hay todo un pueblo. En este sentido y, respecto a esta cuestión, basta recordar cómo se manifestaron los líderes políticos al respecto del mencionado discurso, como el Secretario General del partido del Istiqlal, Abbas El Fassi, quien destacó que después de haber evocado la cuestión de la integridad territorial, Su Majestad el Rey hizo hincapié, en su discurso, en la obra de regionalización avanzada, poniendo de relieve el consenso de los marroquíes en torno a este proyecto.

Por su parte, el Secretario General del partido Autenticidad y Modernidad, Mohamed Cheikh Biadillah, calificó el discurso real de hoja de ruta para la acción de los actores políticos y del Gobierno en la elaboración del proyecto de regionalización avanzada.

Para otro líder, el de la Agrupación Nacional de los Independientes, Salaheddine Mezouar, *"la obra de regionalización es un proyecto fundamental, destacando los retos que presenta este proyecto para los partidos en materia de encuadramiento, seguimiento y renovación de los cuadros".*

Por su parte, el Secretario general del Movimiento Popular, Mohand Laenser, afirmó que el discurso real *"es de suma importancia en la medida en que da una nueva dimensión a la celebración del aniversario de la Revolución del Rey y del Pueblo, añadiendo que el soberano insistió en las grandes cuestiones que focalizan la atención de la opinión pública nacional, como la iniciativa de autonomía en las provincias del Sur".*

El discurso real responde también a las preocupaciones y sensibilidades del conjunto del pueblo marroquí, destacó el Secretario general del Movimiento Democrático y Social, Mahmoud Archane, quien señaló que *"este consenso nacional puede reforzar aún más el proceso de desarrollo emprendido por Marruecos"*.

En el mismo sentido, el Secretario general del Partido Socialista, Abdelmjid Bouzoubaâ, destacó que *"el soberano hizo hincapié en la necesidad de conceder un interés particular a los aspectos económicos, sociales y culturales en la puesta en marcha de la iniciativa de autonomía en las provincias del sur"*.

Por su parte, el presidente del partido, Al Ahd Addimocrati Najib Ouazzani, destacó *"el interés concedido por el soberano al proyecto de regionalización avanzada que abrirá nuevas perspectivas para Marruecos, considerando que el desarrollo de una región no puede realizarse sin basarse en sus propias potencialidades y adoptar una verdadera democracia regional"*.
Por su parte, el Secretario general del partido del Centro social, Lahcen Madih, afirmó que *"el discurso del monarca ponía a los partidos políticos ante sus responsabilidades, que han de trabajar en una planificación y acción serias y creíbles, destacando la firme voluntad del Reino de ir adelante en la vía de la democratización y el desarrollo a pesar de la obstina-*

ción de los enemigos de la integridad territorial".

Así pues, hemos de tener claro que en la realidad social de Marruecos, en relación con el Sáhara, no hay dudas sobre la soberanía en ese territorio; esa cohesión interna y claridad de posicionamiento de la sociedad aporta un plus a la fortaleza de los argumentos que pone en juego el Reino de Marruecos ante la comunidad internacional.

En la búsqueda de una solución que pueda considerarse irreversible en relación con el conflicto del Sáhara Occidental, Marruecos ha tratado de actuar y desarrollar toda su labor reivindicativa y de planteamiento de soluciones dentro del marco de la legalidad internacional, especialmente trabajando con las Naciones Unidas, algo que el Frente Polisario, recurrentemente, prefiere replantearse lanzando amenazas de una nueva guerra, siempre y cuando detecta que la solución internacional no camina hacia la satisfacción de sus intereses y los de Argelia.

Una posición inamovible, la del Polisario, que sólo admite la creación 'ex novo' de un estado saharaui de imposible viabilidad, por lo que se trata de un planteamiento irreal y que abocaría a toda la zona a grandes umbrales de incertidumbre; entre otras cosas porque la materialización de sus ideas conllevaría la alteración de las fronteras de varios países, incluyendo Argelia.

El aspecto securitario de la solución a este conflicto tiene un peso específico hoy que hace treinta años ni se podía imaginar. Marruecos, además de plantear lícitamente sus argumentos, ha propuesto una solución que no solo ahonda en el equilibrio y seguridad de su país, sino en una propuesta de solución que contribuya eficazmente a que el conjunto del Magreb abra sus puertas a un largo periodo de paz y de estabilidad. Es así, pues, que desde que se iniciaron los primeros pasos del proceso, Marruecos ha mostrado una colaboración leal con las Naciones Unidas y los representantes personales de los secretarios generales de esa organización y, aun hoy, pese a las amenazas del Polisario de volver a las armas, argumento que sería suficiente para aparcar el proceso de paz, Marruecos sigue insistiendo en hallar una solución pacífica.

Cualquier amenaza del Polisario, en justa correspondencia, podría ir seguida del reinicio del conflicto; pero no parece ser que Marruecos esté dispuesto a dar el primer paso en ese sentido, no quiere cerrar la puerta de la paz para resolver estos diferendos.

Desde el principio del proceso, Marruecos ha manifestado su determinación y su compromiso en favor de una solución pacífica de este contencioso. La posición de Marruecos es clara: *"La autonomía permitirá a las poblaciones saharauis liberar sus energías y contribuir plenamente al desarrollo de la región y al avance del proceso de democratización del país"*.

La apuesta de Marruecos, insisto, tiene una altura de miras de las que carece Argelia, que tan sólo se dedica a poner palos en la rueda de este proceso. Esta actitud implica, por una parte, un umbral de incertidumbre en cuanto a cuestiones como la seguridad del área, pero 2015 sobre—todo— también dificulta la posibilidad de desarrollo que toda la zona experimentaría si el proyecto de la Unión del Magreb Árabe (UMA) tuviera la posibilidad de desplegarse de manera eficaz. Argelia, y el Frente Polisario, son las dos principales dificultades a las que se enfrenta la UMA. Si este proyecto de unión del Magreb pudiera desarrollarse en toda su extensión, a juicio del Centro de Estudios Geopolíticos de Francia, conllevaría, en un plazo inmediato, que el PIB de los países miembros creciera un dos por ciento; se abrirían las puertas al desarrollo de expectativas sociales comunes hasta límites difíciles de estimar.

La propuesta de autonomía echó a andar en el año 2005 por medio de un proceso democrático de consultas previas. Como primera etapa de este proceso, Su Majestad, el Rey Mohamed VI, en su discurso del 6 de noviembre de 2005, invitó a los diferentes partidos políticos a presentar propuestas relativas al plan de autonomía para el Sáhara.

Con motivo de la conclusión de su visita a la Región, Mohamed VI, en su discurso pronunciado el 25 de marzo de 2006, inició la segunda y última etapa de este proceso de reforma y renovación del Consejo Real Consultivo para los Asuntos Saharauis (CORCAS) que integra, en su composición, a representantes tradicionales de las tribus saharauis, electos municipales, regionales y nacionales, personalidades del mundo político y económico, nuevas elites de jóvenes y mujeres de la sociedad civil y del sector académico, ofreciendo así todas las garantías de una amplia representación de todos los sectores de la población.

¿Cuál es la misión de este Consejo Real? Por su propia definición hay que destacar que *"el COR-CAS asiste a su Majestad el Rey en todos los temas relativos a la defensa de la integridad territorial y la unidad nacional , la promoción del desarrollo económico y social de las provincias del sur de Marruecos y la preservación de su identidad cultural y, en el marco de estas atribuciones, el*

CORCAS ha sido encargado de emprender una reflexión serena y profunda, para recabar los puntos de vista de todos los saharauis, tanto en la región como fuera de ella, sobre el proyecto de autonomía previsto para estas provincias".

El discurso permanente de Mohamed VI en esta cuestión, hasta la definitiva expresión de la propuesta de autonomía, constituyó, en definitiva, un contacto dinámico y auténtico que resultó vital para la elaboración de un proyecto constitucionalmente garantizado, que se inscribe perfectamente en el proceso de profundización democrática del conjunto de la sociedad marroquí.

¿Qué es y en qué consiste la propuesta de autonomía planteada a Naciones Unidas para acabar con el diferendo del Sáhara Occidental? Pues, en definitiva, es la apuesta más generosa que a lo largo casi cuarenta años se ha puesto sobre el tapete de la negociación.

El plan de autonomía propuesto por Marruecos a la ONU constituye una solución realista, serena y viable, para salir del atolladero del problema del Sáhara. Este proyecto, como señalaba anteriormente, es el resultado de las consultas entre los miembros del (CORCAS). En este consejo, participan el conjunto de las tribus saharauis, que establecieron una hoja de ruta, sometiéndola a Su Majestad el Rey, para preparar un proyecto de autonomía, que toma en cuenta las especificidades culturales, históricas y económicas de las provincias del sur de Marruecos.

La participación de todas las partes concernidas ha favorecido que el Reino de Marruecos pudiera presentar la iniciativa, en un ejercicio democrático que sólo es posible en virtud de la existencia de un Estado estructurado en torno al Derecho. Esto es imposible que ocurra con un movimiento guerrillero de la naturaleza del Polisario, que no está vinculado a la realidad social saharaui, sino a los intereses espurios de un país como Argelia, que utiliza este conflicto, incluso, como válvula de escape para sus conflictos internos. Ciertas estructuras de poder argelino, las que están detrás de la financiación opaca del Polisario, no están dispuestas a que pueda descubrirse el desfalco que supone toda esta cuestión para los bolsillos de los argelinos y para las arcas públicas de ese Estado. Así, cualquier idea seria, para la normalización y finalización del conflicto, es rechazada por Argel, debido a los intereses bastardos, no de un país, sino de determinados elementos de sus staff de poder.

11.- LA INICIATIVA MARROQUÍ

El texto de la iniciativa marroquí es una puerta abierta a la resolución definitiva de un conflicto artificial, que nunca debió iniciarse, y se conforma como una expresión válida del concepto amplio de autodeterminación que se contempla por parte de las Naciones Unidas. Los siguientes puntos conforman la idea nuclear de la iniciativa marroquí:

1) Desde 2004, el Consejo de Seguridad llama regularmente a *"las partes y a los Estados de la región a seguir cooperando plenamente con la ONU para poner fin al actual callejón sin salida y progresar hacia una solución política"*.

2) En respuesta a esta llamada de la comunidad internacional, el Reino de Marruecos se ha inscrito en una dinámica positiva y constructiva, comprometiéndose a someter una iniciativa para la negociación de un estatuto de autonomía de la región del Sáhara, en el marco de la soberanía del Reino y de su unidad nacional.

3) Esta iniciativa se inscribe en el marco de la edificación de una sociedad democrática y moderna, fundada sobre el Estado de derecho, las libertades individuales y colectivas y el desarrollo económico y social. Como tal, esta iniciativa es portadora de la promesa de un futuro mejor para las poblaciones de la región, pone fin a la separación y al exilio, y favorece la reconciliación.

4) Mediante esta iniciativa, el Reino de Marruecos garantiza a todos los saharauis, estén en el exterior o en el interior, el lugar y el papel que

completamente les corresponde, sin discriminación ni exclusión alguna, en las instancias e instituciones de la región.

5) De este modo, las poblaciones del Sáhara administrarán por sí mismas y de manera democrática sus asuntos, a través de los órganos legislativo, ejecutivo y judicial, dotados de competencias exclusivas. Asimismo, dispondrán de los recursos financieros necesarios para el desarrollo de la región en todos los dominios y participarán, de un modo activo, en la vida económica, social y cultural del Reino.

6) El Estado conservará sus competencias en los dominios de regalía particularmente en lo relativo a la Defensa, a las Relaciones Exteriores y a las atribuciones constitucionales y religiosas de Su Majestad el Rey.

7) La iniciativa marroquí, inspirada en un espíritu de apertura, se propone crear las condiciones de un proceso de diálogo y de negociación que desemboque en una solución política mutuamente aceptable.

8) Se celebrará a una consulta mediante referéndum de las poblaciones concernidas, conforme al principio de la autodeterminación y de las disposiciones de la Carta de las Naciones Unidas.

9) Desde esta perspectiva, Marruecos lanza una llamada a las demás partes con el fin de aprovechar esta ocasión que se brinda para escribir una nueva página en la historia de la región, manifestando su disposición a emprender una negociación seria y constructiva, sobre la base del espíritu de esta iniciativa, y de aportar su contribución a la instauración de un clima de confianza.

10) Con esta finalidad, el Reino sigue dispuesto a cooperar plenamente con el Secretario General de la ONU y su Enviado Personal.

Los siguientes son los elementos básicos de la propuesta marroquí: El proyecto marroquí de autonomía se inspira en las propuestas pertinentes de la ONU y en las disposiciones constitucionales en vigor dentro de los Estados geográfica y culturalmente próximos de Marruecos, e integra normas y estándares internacionales reconocidos.

Dentro del respeto de los principios y de los procedimientos democráticos, las poblaciones de la región autónoma del Sáhara, actuando a través de órganos legislativo, ejecutivo y judicial, dentro de los límites territoriales de la Región, tendrán la competencia —sobre todo— en el ámbito de la Administración Local, de la policía local y de las jurisdicciones de la Región.

En el terreno económico: tendrán competencias en la planificación regional, el fomento de las inversiones, el comercio, la industria, el turismo y la agricultura; así como en lo concerniente a los presupuestos y la fiscalidad de la Región. En cuanto a las infraestructuras, gobernarían la administración sobre el agua, las instalaciones hidráulicas, la electricidad, los trabajos públicos y el transporte.

Dentro de las competencias destacan las del ámbito del medio ambiente y todo lo social, específicamente en todo lo relacionado con la vivienda, la educación, la sanidad, el empleo, el deporte, la seguridad y la protección social.

En este amplísimo espectro competencial quedaría la gestión cultural, incluyendo la promoción del patrimonio cultural saharaui hasaní.

El texto de la iniciativa del Reino de Marruecos señala expresamente que:

—La región autónoma del Sáhara dispondrá de los recursos financieros necesarios para su desarrollo en todos los dominios. Estos recursos serán constituidos sobre todo por los impuestos, tasas y contribuciones territoriales fijados por los órganos competentes de la Región; los ingresos destinados a la Región por la explotación de sus recursos naturales; la parte de los ingresos de los recursos naturales situados en la Región y percibidos por el Estado; los recursos necesarios concedidos en el marco de la solidaridad nacional y los ingresos procedentes del patrimonio de la Región.

—El Estado conservará la competencia exclusiva, particularmente sobre: la bandera, el himno nacional y la moneda; los atributos relacionados con las competencias constitucionales y religiosas del Rey, Emir de los Creyentes y garante de la libertad de culto y de las libertades individuales y colectivas; la seguridad nacional, la defensa exterior y de la integridad territorial; las relaciones exteriores; el orden jurisdiccional del Reino; y el régimen de exploración y explotación de los recursos naturales.

—La responsabilidad del Estado, en lo que se refiere a las relaciones exteriores, será ejercida en consulta con la Región Autónoma del Sáhara, para lo que atañe las cuestiones que guardan relación directa con las atribuciones de esta Región. La Región autónoma del Sáhara, en concertación con el Gobierno, puede establecer lazos de cooperación con Regiones extranjeras a fin de desarrollar el diálogo y la cooperación interregional.

—Las competencias del Estado en la Región autónoma del Sáhara, tal y como prevé el apartado 16 arriba mencionado, serán ejercidas por un Delegado del Gobierno.

—Por otra parte, las competencias que no son atribuidas específicamente serán ejercidas, de común acuerdo, sobre la base del principio de subsidiaridad.

—Las poblaciones de la Región autónoma del Sáhara es representada en el seno del Parlamento y de las demás instituciones nacionales. Participa en todas las consultas electorales nacionales.

Los órganos de la Región:

—El Parlamento de la Región autónoma del Sáhara estará compuesto de miembros elegidos por las diferentes tribus saharauis, y de miembros elegidos por sufragio universal directo por el conjunto de la población de la Región. La composición del Parlamento de la Región autónoma del Sáhara deberá comprender una representación femenina apropiada.

—El poder ejecutivo de la Región autónoma del Sáhara será ejercido por un Jefe de Gobierno elegido por el Parlamento regional. Es investido por el Rey. El Jefe del Gobierno es representante del Estado en la región.

—El Jefe del Gobierno de la Región autónoma del Sáhara forma el gobierno de la Región y nombra a los administradores necesarios para ejercer los poderes que les son atribuidos en virtud del estatuto de autonomía. Es responsable ante el Parlamento de dicha Región.

—Determinadas jurisdicciones pueden ser creadas por el Parlamento regional con el fin de estatuir sobre los litigios nacidos de la aplicación de las normas fijadas por los órganos competentes de la Región autónoma del Sáhara. Sus decisiones serán pronunciadas con toda independencia, en nombre del Rey.

—El Tribunal Regional Superior, la más alta jurisdicción dentro de la Región autónoma del Sáhara, estatuye, en última instancia, sobre la interpretación de la Ley de la Región, sin perjuicio de las competencias del Tribunal Supremo y del Consejo constitucional del Reino.

—Las leyes, los reglamentos y las decisiones de justicia que emanan de los órganos de la Región autónoma del Sáhara, se deben ajustar al estatuto de autonomía de la mencionada Región y a la Constitución del Reino.

—Las poblaciones de la Región se beneficiarán de todas las garantías que aporta la Constitución marroquí en materia de derechos humanos, tal y como son universalmente reconocidos.

—La región autónoma del Sáhara dispondrá de un Consejo económico y social que comprende a los representantes de los sectores económicos, sociales, profesionales y asociativos, así como a personalidades altamente cualificadas.

La iniciativa, que ha sido fruto de una consulta sobre una base amplia de la representación de los ciudadanos de las provincias del Sur, además, contempla un proceso de aprobación y de aplicación del estatuto de autonomía:

—El estatuto de autonomía de la Región será objeto de negociaciones y se someterá a una libre consulta mediante referéndum de las poblaciones concernidas. Este referéndum constituye, conforme a la legalidad internacional, a la Carta de las Naciones Unidas y a las resoluciones de la Asamblea General y del Consejo de Seguridad, el libre ejercicio, por estas poblaciones.

—Con esta finalidad, las partes se comprometen a obrar conjuntamente y de buena fe a favor de esta solución política y de su aprobación por las poblaciones del Sáhara.

—Además, la Constitución marroquí será revisada (ya se ha hecho el pasado año 2011) y el estatuto de autonomía se incorporará a la misma como prueba de su estabilidad y de su lugar particular dentro del ordenamiento jurídico nacional.

—El Reino de Marruecos tomará todas las medidas necesarias con el fin de asegurar a las personas que serán repatriadas una reinserción completa en el seno de la colectividad nacional, dentro de condiciones que garantizan su dignidad y seguridad, y la protección de sus bienes.

—Con esta finalidad, el Reino adoptará, sobre todo, una amnistía general que excluye cualquier diligencia, arresto, detención, encarcelamiento o intimidación de cualquier naturaleza que sea, fundándose sobre hechos objeto de la amnistía.

—Tras el acuerdo de las partes sobre el proyecto de autonomía, un Consejo transitorio compuesto por sus representantes aportará su concurso a la repatriación y a las operaciones de desarme, desmovilización y reinserción de los elementos armados que se encuentran en el exterior del territorio, así como a cualquier acción que tenga por finalidad la aprobación y la aplicación del estatuto, incluidas las operaciones electorales.

—Igual que los miembros de la Comunidad internacional, el Reino de Marruecos hoy está convencido de que la solución del diferendo sobre el Sáhara solo puede ser el fruto de una negociación. Con este ánimo, la propuesta que presenta a las Naciones Unidas constituye una oportunidad real capaz de favorecer unas negociaciones que tengan por finalidad alcanzar una solución definitiva a este diferendo, en el marco de la legalidad internacional y sobre la base de arreglos que se conforman con los objetivos y principios contenidos en la Carta de la ONU.

—En este marco, Marruecos se compromete a negociar, de buena fe, dentro de un espíritu constructivo de apertura y de sinceridad, a fin de alcanzar una solución política definitiva y mutuamente aceptable a este diferendo del que la región adolece. A este efecto, el Reino está dispuesto a aportar una contribución activa al establecimiento de un clima de confianza que podrá conducir al éxito de este proyecto.

—El Reino de Marruecos alberga la esperanza de que las demás partes apreciarán el significado y el alcance de esta propuesta, juzgándola en su justo valor y aportándole una contribución positiva y constructiva. El Reino considera que la dinámica engendrada por esta iniciativa ofrece una oportunidad histórica para resolver definitivamente esta cuestión.

En octubre de 2013 tuve la oportunidad de compartir varias jornadas de trabajo en Estados Unidos sobre la cuestión del Sáhara con el académico e investigador José Bouzas. Él es doctor investigador de la Universidad Nacional Autónoma de México. Su oportuna intervención en el seno de la IV Comisión de la ONU me parece que viene como 'anillo al dedo' para poner de manifiesto, desde la lejana mirada del experto, la consistencia de la propuesta de la Regionalización Avanzada propuesta por Marruecos. Son palabras del Dr. Bouzas:

"Hasta años recientes, no más de tres décadas, para muchas personas los hechos acaecidos en África, incluyendo el que nos ocupa, fueron hechos sobre los que se tuvo escasa información y una posición que descansó en generalidades a causa del eurocentrismo de Occidente. Esta carencia de información, en el acelerado proceso de globalización, nos obliga a ser conscientes de la existencia de otros mundos con riquezas, sobre todo culturales.

En la historia de la humanidad, el asentamiento en un territorio ha sido un presupuesto indispensable para ejercer derecho sobre el indicado territorio. Éste es el paradigma primario de la apropiación y con independencia de los cambios acaecidos, la apropiación es un hecho imprescindible para todos.

En el presente caso estamos ante un dilema respecto de cuál derecho de apropiación habrá de primar; el de quien alega, con asentimiento generalizado, ser poseedor, o el de quienes sostienen que su posesión es de los últimos treinta años. No estamos debatiendo respecto del legítimo derecho de formar un Estado autónomo y reconocido por la comunidad de naciones, sino que el debate es por territorio.

Resulta de particular importancia deslindar los temas porque de no hacerlo caemos en el simplismo de que un Estado es principalmente un territorio.

[...] Respecto al Gran Sáhara, ni cuando la colonización española, francesa y de otros países de Europa, ni en la actualidad, puede ser identificado como una 'terra nullus', y todos los actores involucrados reconocen que Marruecos ejercía dominio sobre el Sáhara occidental. Es un hecho también que durante la mitad del siglo pasado, Marruecos estuvo reclamando ante la ONU el territorio del Sáhara Occidental.

[...] Debemos ser capaces de entender que la autonomía en lo interno es sinónimo de autodeterminación.

[...] Es mi más apreciado deseo que tanto los involucrados en el conflicto como las otras naciones presentes acepten el fracaso de la confrontación y asuman que hoy es inevitable aceptar al mundo por lo que es y dejar el de lo que creemos debe ser.

[...] El problema a resolver es ¿cómo lograr que este proceso de autodeterminación y autonomía se dé de la forma más genuina? La variable cultural y, en ella, el aspecto religioso, común en los países involucrados, vendrá a jugar un papel importante. Los actores implicados tienen en común su cultura religiosa, muy incomprendida en Occidente; también existen vínculos culturales entre la población y los estados, resultando complejo poder aceptar que los que hoy pueblan el Sáhara Occidental no tengan una identidad vinculada con Marruecos.

[...] Ante el tiempo transcurrido y sin avances significativos en la solución del conflicto, la propuesta que presentó Marruecos en 2007, y hace descansar en la autonomía de la Región, es una iniciativa que debe ser bien recibida:

—Planteada de entrada desde el consenso y por ello es ya meritoria de atención.

—Deja en manos de los habitantes del Sáhara Occidental la toma de buena parte de las decisiones fundamentales sobre el territorio.

—Aborda el aspecto económico mediante la descentralización, la autonomía, la libre gestión de recursos y la administración del territorio.

—Contempla la integración de los saharauis que están dentro, pero también de los que están fuera.

—Plantea el respeto a los derechos humanos reconocidos internacionalmente y que la ONU ha reivindicado.

—Implica el reconocimiento de una región autónoma del Sáhara, evento que en otras experiencias en el mundo ha costado muchos esfuerzos.

—Es sensible a recibir la opinión de la Región para la política exterior de Marruecos.

—Abre paso a la representación de género, cuestión por demás importante en el caso de los países árabes.

La solución del conflicto del Sáhara Occidental propuesta por Marruecos establece la autonomía regional y éste es un paso importante. Es sensible al proceso de nuevas realidades del mundo de hoy, pero sobre bases de respeto y reivindicación de sus propias raíces. Es una propuesta incluyente y comprometida con todos los actores sociales.

La solución del conflicto del Sáhara Occidental propuesta por Marruecos es la única que de mane-

ra responsable ha sido presentada y constituye una base realista para una solución definitiva de este diferendo".

12.- EL DESARROLLO DEL SÁHARA OCCIDENTAL

Henri—Louis Vedie es doctor en Economía y Graduado en Derecho. Además es director científico y coordina varios proyectos en las universidades de Varsovia y Belgrado. Durante muchos años ha sido profesor visitante en la Universidad Corvinius de Budapest y en la Academia de Comercio Exterior de Moscú. Actualmente es profesor en la Universidad SGH de Varsovia y en la Universidad de Ciencias Económicas de Belgrado. Tuve la oportunidad de conocerlo en New York; ambos presentábamos sendos libros, yo un exhaustivo trabajo en el que apuntaba lo que era la cara oculta del Frente Polisario y él un estudio en el que hacía una detallada descripción, repleta de datos económicos, sociales y estadísticas, respecto del desarrollo experimentado en las provincias del Sur de Marruecos, el Sáhara Occidental.

La investigación de Henri—Louis Vedie prescinde de valoraciones políticas, se centra en el análisis de datos y todo el trabajo dio lugar a un libro cuyo título resulta evocador: 'Una voluntad más tenaz que las arenas'.

He hecho amistad con Vedie y hemos coincidido en diferentes partes del mundo; su sencillez de trato es propia de quien en realidad es un sabio que es capaz de explicar con sencillez lo que puede resultar indescifrable para quienes no son expertos en materias complejas como el análisis económico.

Vedie me decía, en uno de los encuentros que hemos mantenido que, tal como mencionaba en su obra, *"tras la Marcha Verde, Marruecos convocó todos sus esfuerzos para realizar —en el Sáhara Occidental— una marcha hacia el desarrollo económico, con un enfoque y una lógica de desarrollo sostenible. Partiendo prácticamente de la nada, fue preciso construirlo todo, inventarlo todo, para superar las dificultades medioambientales propias de las provincias del Sur (calor, viento y desierto), donde los recursos naturales inmediatamente explotables son escasos, con excepción de los yacimientos de fosfato".*

A juicio de Vedie, *"a diferencia de otros países, como Israel o el Líbano, Marruecos no contaba —y no cuenta aún— con una diáspora expatriada del territorio capaz de contribuir financieramente al desarrollo económico de las provincias. Ha sido, por lo tanto, de manera totalmente solitaria, sin la más mínima ayuda internacional, que las autoridades marroquíes han asumido los retos de desarrollar sus provincias del Sur; retos que, considerando los recursos disponibles, han llevado a deliberaciones complejas, pero estas deliberaciones han podido más que el desierto, más que el aislamiento histórico y tradicional en que se encontraba sumido el Sáhara Occidental".*

El diferendo del Sáhara, para este profesor de Economía, no debe ser obstáculo para el reconocimiento de todo el trabajo hecho por Marruecos en aquel territorio: *"Aunque sigue habiendo un litigio y persiste la incertidumbre en cuanto al estatuto definitivo de estos territorios a nivel internacional, no se pueden acallar los esfuerzos que ha realizado el Reino de Marruecos y los resultados logrados, porque más allá y por encima de los litigios políticos o jurídicos, están los hombres y las mujeres cuya inteligencia y cuyo trabajo han permitido, día tras día, mes tras mes, año tras año, la transformación económica y social de estos territorios. Lo realizado permite pensar que la marcha hacia el desarrollo sostenible es ya irreversible; lo que antes de la plena presencia de Marruecos en la zona no parecía en absoluto evidente".*

Los datos ponen de manifiesto que Marruecos ha trabajado en una zona realmente poco favorecida para que la vida pueda ser posible bajo unas buenas condiciones. Destacan la implantación de recursos básicos para todos, como el agua y la electricidad, la diversificación de fuentes de abastecimiento y la implantación, paralelamente, de redes de saneamiento. Igualmente, ha implantado y diversificado el acceso a las tecnologías de la información en todo el territorio, donde, además, se ha generalizado la radiodifusión y la televisión, al tiempo que se han puesto en marcha unos eficaces sistemas de telecomunicación. Las comunicaciones por avión y por carretera son más que óptimas, existiendo infraestructuras aeroportuarias y viales en las diferentes provincias del Sur, con especial importancia en El Aaiún; infraestructuras que no sólo se han desarrollado sino que han incorporado planes quinquenales de mantenimiento y mejora. Una de las actuaciones más importantes, de las innumerables que ha desarrollado Marruecos en sus provincias saharianas es la conformación de la red portuaria, que no se ha dejado a la improvisación, sino que ha respondido a un esquema rector de planeamiento de ordenación que se manifiesta con grandes resultados en los puertos de El Aaiún, Tarfaya, Boujador y Dakhla, de manera destacada.

Ya señalé antes que el conjunto de la acción de Marruecos en sus territorios del Sur ha estado orientado al favorecimiento de la vida, no se ha trabajado de manera ficticia o aparente, sino que las actuaciones han estado dirigidas eficazmente a la erradicación de la insalubridad y desde esta perspectiva se ha trabajado en una ordenación del territorio, en el que han ido desapareciendo el chabolismo, el subequipamiento de los barrios y los campamentos al margen de cualquier medida sanitaria. Así, pese a la guerra provocada por el Frente Polisario, lo cierto es que se han destinado grandes esfuerzos a la generación de núcleos de población, con viviendas dignas dotadas de servicios e insertas en terrenos urbanizados. En esta actuación se ha buscado la interacción del sector privado, lo que a su vez ha generado una economía endógena. Los programas de vivienda han sido a la carta, con actuaciones de planificación, desarrollo e implantación de servicios y construcción llave en mano.

El desarrollo ha ido caminando paralelamente a la implantación de infraestructuras sanitarias, desde centros de salud a hospitales provinciales, la implantación de un sistema público de justicia en los propios territorios y un servicio público de Educación, Formación y Asistencia Social. Con niveles de escolarización que hubieran sido imposibles hace apenas treinta años durante la presencia colonial española. Todo este desarrollo ha hecho posible que la población, en menos de treinta años, haya pasado de apenas cincuenta mil personas a varios cientos de miles.

Hoy, tras todo el inabarcable trabajo realizado, puede hablarse de la existencia de polos de desarrollo vinculados a las diferentes provincias del Sur, en relación a la actividad minera, pesquera y energética. Las actuaciones que de cara al futuro se desarrollen, en la explotación de las condiciones naturales de la zona, para la generación de energías renovables, supondrán uno de los mayores factores de desarrollo sostenible, no solo del territorio de esas provincias, sino del conjunto de Marruecos.

Por último, en mi opinión, toda el área reúne las condiciones de posibilidad para conformar una oferta turística muy diversificada y, parece evidente, que el turismo será una de las locomotoras económicas del futuro.

Todo el desarrollo experimentado, la calidad de vida alcanzada por los miles de habitantes de las provincias del Sur, parece evidente que no puede ser obviado, en primer lugar por el propio Reino de Marruecos, en defensa de sus ciudadanos; ni debería ser obviado por unas Naciones Unidas miopes y desconocedoras de la realidad de la zona.

¿Todo lo conseguido se va a poner en manos de una estructura como la del Frente Polisario?

Sólo la regionalización avanzada, la autonomía propuesta por el Reino de Marruecos, tiene la solidez, viabilidad y garantías para evitar que todas las potencialidades que se han puesto en marcha se vean frustradas.

Un desarrollo integral y sostenible

Como hemos constatado, el modelo de desarrollo implementado en las provincias del Sur de Marruecos no ha sido fruto de ninguna improvisación.

La planificación y ejecución de reformas, en los últimos tiempos, ha centrado buena parte del trabajo del Consejo Económico y Social del Estado (CESE), organismo que ha contado con el impulso del propio monarca marroquí. Este modelo abre las puertas, definitivamente, a la regionalización avanzada y a una gobernanza local en sintonía con las expectativas de la población y las características del conjunto de la Región, puesto que sienta unas bases firmes para el continuo mejoramiento de las potencialidades de la zona, desde una perspectiva de complementariedad con el resto de regiones del conjunto del reino jerifiano.

A juicio de la presidenta de la ONG británica 'Free for all', Tnya Warburg, *"el modelo para el desarrollo del Sáhara Marroquí es una verdadera hoja de ruta que cuenta con programas y objetivos para la promoción socioeconómica estructural de las provincias del Sur de Marruecos"*.

Por su parte, el presidente del CESE, Nizar Baraka, hace hincapié en que este modelo *"busca fomentar un desarrollo integrado dinámico, provocando cambios estructurales en términos de actividad empresarial, política social y gobernabilidad. Se garantiza la sostenibilidad desde la perspectiva social, medio ambiental y económica, mediante diversas intervenciones en las provincias del sur con la ambición de promover iniciativas que permitan una economía solidaria y una ges-*

tión sana y eficaz de los recursos naturales de este querido territorio de nuestro país".

El modelo de desarrollo implementado en el territorio ha permitido abordar a lo largo de los años los cambios estructurales necesarios para el desarrollo de políticas en el ámbito social, el desarrollo de recursos humanos y la promoción de la cultura Hassani. Se ha trabajado con éxito en el favorecimiento de la cohesión social mediante un desarrollo humano sostenible que es posible gracias a la preservación del medio ambiente. El modelo consagra una acción de gobierno basada en el imperio de la ley, la confianza y la participación de todos.

El sociólogo Boubrik Rahal, director del Centro de Estudios Saharianos, cree que este modelo de desarrollo *"es ambicioso y es la mejor respuesta contra las manipulaciones del Frente Polisario y otros enemigos de la territorialidad de Marruecos, país que ha logrado consolidar todos los proyectos de desarrollo de la zona que se pusieron en marcha en estas provincias a partir del año 1975".*

Por su parte, el presidente del Centro de Estudios Hispánicos de Marruecos, Miguel Ángel García Puyol, afirma que se ha establecido una verdadera dinámica de desarrollo integral en el Reino. Puyol, quien ha visitado en multitud de ocasiones las provincias del Sur, ha destacado los logros alcanzados en los últimos treinta años, lo que a su juicio consolida definitivamente el proyecto de 'Regionalización Avanzada'.

13.- Una breve opinión sobre hacia dónde caminará la cuestión del Sáhara

A punto de finalizar esta primera parte del libro merece la pena expresar una breve opinión de hacia dónde camina toda la cuestión del Sáhara. Pienso que Marruecos ha sentado las bases para un futuro muy esperanzador, no sólo para sus provincias del Sur, sino para que, lograda la definitiva solución a la cuestión mediante la autonomía avanzada, se pueda desarrollar el proyecto de la Unión del Magreb Árabe, sin los condicionamientos que ha venido frenando la iniciativa, buena parte de los cuales los encontramos en la cuestión del Sáhara y en la obsesiva y dañina actitud de Argelia, cuyos dirigentes pretenden anular a los demás países, reclamando para sí un protagonismo singular en la Región. Protagonismo que en el seno de una unión estratégica, como sería la del Magreb, no cabe, pues el éxito de la misma estará basado en la colegiación de ese protagonismo.

Quiero recurrir, de nuevo, a las palabras del periodista Said Jadidi, consultado durante la realización de este libro, sobre cómo ve el futuro de toda esta cuestión. Él me dice:

"Personalmente creo que, como siempre sucede en este prefabricado conflicto del Sahara Occidental, difícilmente se puede pronosticar qué pasara en el futuro, ni a medio ni a largo plazo. Los hermanos argelinos dan la impresión de estar al final del ciclo en esta cuestión: compran menos conciencias que durante los años ochenta y noventa; hay menos reconocimientos, menos interés por la cuestión y, cada vez es más visible el carácter falaz del problema. Tan es así que yo diría que si los argelinos hubieran previsto esta 'resistencia' marroquí, nunca hubieran optado por la vía del Frente Polisario y de la guerra a Marruecos".

"En otro orden de ideas —continúa diciendo Said Jadidi— han desaparecido los verdaderos incentivos de la creación de esta entidad separatista saharaui (Polisario), como fueron en su día los coroneles Houari Bumedian y Muamar Ghaddafi o el mandatario mauritano Haydellah; así como el final de la Guerra Fría y el surgimiento de la monopolarizacion de un mundo que obedece más a intereses estratégicos que a alianzas estratégicas. Durante los últimos tiempos se habla más de paz que de la guerra; se

anhelan reconciliaciones y se contempla una nueva estrategia de distensión en Oriente Medio y en el resto del mundo. Los tiempos no son para micro—entidades sino para los conjuntos regionales. El Sahara Occidental marroquí (y todo el Magreb) puede y debe ser un campo de cooperación regional".

Said Jadidi también pone el acento en la cohesión que la cuestión del Sáhara suscita en el pueblo marroquí; el Sahara se ha convertido en un asunto que vertebra esa cohesión:

"El Sahara, para Argelia, es responsabilidad de una cúpula militar mientras que para Marruecos no es una cuestión que afecta a los que mandan, es una cuestión que afecta a todos los marroquíes, esta circunstancia pesa y pesará mucho. Los marroquíes queremos una solución aceptable y esperamos que sea próxima".

Jadidi pone de manifiesto cómo las incoherencias de España, especialmente al inicio del diferendo, y algunos errores de Marruecos, han podido servir a que el conflicto se haya alargado: *"Para España, la legalidad política en el Sáhara nunca fue el Polisario sino el PUNS, Partido de la Unión Nacional Saharaui, de Ikhalihanna Ould Rachid, quien es actualmente presidente del CORCAS en Marruecos, y su compañero Khalil D'Khil, que es wali (gobernador) de El Aaiun. Sin embargo, nadie sabe có-*

mo Marruecos aceptó ser 'arrastrado' hasta 'reconocer' implícitamente el carácter bilateral de este artificial conflicto: Marruecos/Polisario. De haber contemplado esta eventualidad las cosas hubiesen sido otras". Para el veterano periodista y analista marroquí, otro de los elementos que habrán de pesar en el futuro en toda esta cuestión lo encontramos en la descomposición interna del Frente Polisario: *"Actualmente, el ochenta por ciento de los fundadores históricos del Polisario se encuentran en su país: Marruecos, entre ellos el fundador del llamado ejército popular saharaui, Ayub Habib, y el, según todos los historiadores militares españoles, verdadero cerebro de la creación del Frente Polisario, Omar Admi, alias Hadrami, ex wali de Meknes y de Chalet Seraghna. En síntesis: habida cuenta de la coyuntura internacional y la nueva dinámica geopolítica en el Noroeste africano, no se debe descartar una solución negociada a medio plazo que satisfaga a todo el mundo".*

Así pues, Marruecos —a la salida de España de la zona— no se hizo con un territorio ajeno a su destino, sino que recuperó la soberanía sobre un territorio que le pertenecía, que le era querido, y que había sido sometido a una explotación sistemática, sin invertir allí más que aquello que estaba en relación con las necesidades de la propia explotación que como Estado o mediante empresas, realizábamos.

II Parte

Polisario: un frente contra los derechos humanos

14.- Violaciones de derechos humanos desde el inicio

Las violaciones de los Derechos Humanos por parte del Frente Polisario y de Argelia en relación con este conflicto es un listado que no se agota en la exposición que aquí haré pues, como ya he señalado, el libro que tiene en sus manos no es un manual de Historia, sino una exposición crítica de la realidad. En definitiva, un trabajo periodístico para el que no reclamo el reconocimiento de verdad absoluta. Es una mirada crítica que se enfrenta a lo que en España siempre ha sido visto como políticamente correcto, el seguidismo acrítico y desinformado de las tesis del Polisario. Va siendo hora de que ciertas actitudes 'políticamente correctas' sean puestas en crisis.

Un análisis meticuloso de todas las violaciones debería incluir cada caso, nombre a nombre, pues cada persona violentada es una tragedia inabarcable. Sirva pues, este capítulo del libro, como señal de alarma, como aviso de que el nostálgico, evocador y falsario discurso revolucionario que se nos transmite por parte de los polisarios y sus 'antenas', en cualquier parte, oculta la realidad de lo que es este movimiento: un grupo creado artificialmente, que opera en su contexto social como una dictadura, que somete a un pensamiento único al grupo humano que controla. Una dictadura al servicio descarado de una casta creada para servir a los intereses de un Estado como el argelino, el mismo que — mediante la corrupción sistémica— tiene sometido a su propio pueblo a condiciones de desarrollo muy lejanas de las que le serían propias por sus extraordinarios recursos energéticos. Argelia es un estado que pretende, desde sus estructuras de poder, tener una hegemonía mediante la creación y mantenimiento de conflictos, aún a costa de poner en riesgo el área del Magreb. Desde ese estado se ha impulsado y mantenido al Frente Polisario, un movimiento que ha torturado, secuestrado, asesinado. Ha realizado desapariciones forzadas, separado niños de sus familias durante años. Ha mantenido estructuras de esclavitud, tal cual, esclavitud sin matices. Un movimiento en el que hay elementos que niegan la ayuda humanitaria internacional a los confinados en los campamentos y hace contrabando con ella... Y todo ello con el conocimiento de Argelia, cuyas autoridades han permitido y permiten tales conductas en su territorio.

Lo más grave —en mi opinión— es la connivencia de la ONU, de su secretario general, Ban Ki Moon, y el enviado especial de éste, Christopher Ross, pues tales denuncias han sido expuestas en la propia sede de las Naciones Unidas, por testigos directos, y —esos altos representantes de la Comunidad Internacional— no han levantado la voz, ni una sola vez, para detener tales comportamientos. El Polisario no permite la expresión de ideas políticas diferentes a las suyas en los campamentos de Tinduf y, cuando alguna persona las expone, o algún grupo plantea alguna reivindicación, son contestados mediante la represión y la violencia.

En mi opinión, y en relación directa con este conflicto, la primera violación masiva de tales derechos es la que ya señalé sucintamente en el punto 4 de la I Parte de este libro *(**Argelia, el inicio de la guerra del Sáhara y primeras violaciones masivas de los derechos humanos)**. Fue protagonizada por el Gobierno de Argelia, presidido por Houari Boumedienne. Éste, cuando se produjo el acuerdo internacional sobre la salida de España del territorio sahariano, ordenó la persecución y expulsión masiva de varios miles de marroquíes que vivían pacíficamente en su territorio. Algunas fuentes cifran en 45.000 los afectados directos y familiares, que fueron sometidos al expolio, a pesar de que muchísimos de ellos, muy pocos años antes, se habían implicado en la lucha de sus hermanos argelinos contra Francia en la liberación de su país.

En aquella deleznable acción, quienes ostentaban el poder en Argelia ordenaron la separación de los matrimonios mixtos, tras lo cual se procedió a la expulsión de los cónyuges que eran de origen marroquí. Diferentes fuentes señalan una circunstancia especialmente lamentable y grave, pues se denunciaron violaciones de mujeres jóvenes antes de ser expulsadas. Tales abusos se hacían sabiendo que, en determinados contextos sociales y religiosos, esas mujeres caerían en la marginalidad y no podrían optar al matrimonio. Como siempre, la violencia organizada y diseñada por hombres se manifiesta con especial crueldad y virulencia en las mujeres y en los niños. Cuando el cónyuge de origen marroquí era expulsado de Argelia debía llevarse consigo a los hijos; lo que suponía el rompimiento del núcleo familiar, la desestructuración del mismo por la vía de la violencia de Estado. Esta conducta se repetirá luego, de forma sistemática, por parte del Frente Polisario, como veremos en esta segunda parte.

Es difícil imaginar el grado de sufrimiento impuesto a miles de adultos, jóvenes y niños, de mujeres y hombres, por la decisión de los dirigentes argelinos que, con esa conducta pusieron de manifiesto —bien a las claras— que estaban dispuestos a todo, no por intereses lícitos de su país, sino en virtud de los intereses bastardos de lograr expandir su territorio o lograr más poder en el área, mediante la desestabilización del país vecino y la creación de un estado guiñol bajo su control directo.

Además, tal conducta estaba presidida por una cobardía mayúscula: aquellos dirigentes argelinos no podían iniciar acciones bélicas de invasión puesto que sabían que, por una parte, tendrían el rechazo internacional, y por otra que, militarmente, podían perder más que ganar.

Hoy, casi cuarenta años después, muchas de aquellas familias, que fueron atendidas mediante ayudas sociales a su regreso a Marruecos, siguen enfrentando situaciones de marginación social. Dejaron en Argelia, como resultado del expolio, todas sus pertenencias y recursos. Hoy podrían, incluso, perder lo poco que obtuvieron cuando regresaron a Marruecos.

La segunda violación masiva de Derechos Humanos, con el silencio cómplice de la Organización de Naciones Unidas, en relación con el conflicto, se produce en comandita entre el propio Frente Polisario y las autoridades argelinas y miembros de sus aparatos de Estado, tanto militares como de Inteligencia, si es que cabe hacer en Argelia tal dicotomía. Tras la salida definitiva de España de las provincias del Sur de Marruecos se inician las hostilidades del movimiento independentista en el territorio marroquí. La extracción de saharauis de sus pueblos para trasladarlos hasta Tinduf fue seguida de la separación de las familias. Como ya señalé, mujeres y niños iban a unos campamentos donde, además, físicamente, eran distribuidos de forma tal que se fracturaban las relaciones afectivas, sociales y tribales. Los hombres jóvenes, muy jóvenes en algunos casos, y cabezas de familia, eran trasladados a campos de adoctrinamiento.

Esta criminal intervención del estado argelino estaba perfectamente diseñada, e inspirada por actores foráneos propios de la época (en plena Guerra Fría), para lograr diferentes objetivos.

Recordemos que el presidente argelino Houari Boumedienne, ante los 'Acuerdos de Madrid', vio cómo se alejaba la posibilidad de una estratégica salida de Argelia hacia el Atlántico y amenazó con iniciar una guerra contra Marruecos y Mauritania. La comunidad internacional hubiera rechazado esa posibilidad, pese a los apoyos con los que hubiera contado del Bloque del Este. Así, Boumedienne y ciertos aparatos del estado argelino, operaron para que tal guerra pudiera materializarse, aunque no fuese su país uno de los actores formales declarados en la misma.

La separación de los saharauis llevados a la región de Tinduf, unas veces mediante engaño, otras mediante el uso de la violencia y otros de forma voluntaria, facilitaba el sometimiento de las mujeres y niños, mediante el control de sus relaciones afectivas, familiares y tribales.

En los campamentos del Este y Sureste, la gente que quería sobrevivir —como lo llevan haciendo desde 40 años— debía someterse a las directrices emanadas del Polisario y de los argelinos. Cualquier posición crítica era reprimida violentamente, al margen del Derecho, llegándose incluso a las desapariciones forzadas, según las denuncias que hemos conocido, planteadas ante los tribunales de Justicia y organizaciones internacionales, por los propios saharauis afectados. Las mujeres y niños no tenían a sus 'cabezas de familia' junto a ellos y sus comunicaciones eran perfectamente instrumentalizadas por quienes se esforzaban en la ejecución de aquella gran maniobra de desestructuración social.

Se trataba de una muy poco sutil forma de atacar una de las esencias de la idiosincrasia saharaui, su organización tribal, a la que Argelia y el propio Frente Polisario —durante lustros— han intentado atacar o alterar, aunque con un resultado paupérrimo.

Por otra parte, en los campamentos a los que se enviaba forzosamente a los hombres se trabajaba intensamente en su adoctrinamiento y, sobre todo, en la militarización de los mismos, con el fin de lograr en poco tiempo una estructura suficiente para que pudiera disponerse a entablar una guerra contra Marruecos y Mauritania, aquella con la que amenazó Boumedienne.

Todo esto ocurrió ante la mirada de la ONU, a la que acuso de complicidad por inacción.

En relación con esta forma de actuar, hoy en día se siguen varias investigaciones, incluso en los tribunales españoles. Recordemos que en el mes de junio del año 2013 conocíamos que la Audiencia Nacional española había decretado la búsqueda de una treintena de oficiales del Ejército de Argelia y dirigentes y miembros de seguridad del Frente Polisario contra los que se dirige una querella, que fue admitida a trámite por el juzgado Central número Cinco, por genocidio y desaparición de ciudadanos saharauis y disidentes del Frente Polisario, conductas que se habrían producido en los campamentos de confinamiento de Tinduf entre los años setenta y ochenta.

La agencia de noticias española 'Europa Press' tuvo acceso a una providencia del juez Pablo Ruz, en la que se ordenaba la búsqueda de tales individuos, después de que las policías locales de Vitoria—Gasteiz, Las Palmas, Badajoz, Figueres (Girona), Madrid, Trebujena y Sanlúcar de Barrameda (Cádiz) y Córdoba informaran, al referido juzgado de la Audiencia Nacional, de que no habían podido localizar a las personas, ahora con orden de búsqueda, para notificarles la querella.

Fue en el mes de noviembre del año 2012 cuando el referido magistrado admitió a trámite la acción presentada por la Asociación Saharaui para la Defensa de los Derechos Humanos—ASADEH y tres víctimas directas de las conductas denunciadas y que, indiciariamente, constituirían delitos de genocidio en concurso con asesinato, lesiones, detención ilegal, terrorismo, torturas y desapariciones forzadas, según la información emitida al respecto por la citada agencia.

La admisión a trámite de la querella y el inicio de las investigaciones derivadas de la misma contó con el visto bueno del Ministerio Fiscal.

En estas acciones judiciales hay una treintena de querellados y, entre otros, hay que contar al pseudo—ministro de Comunicación del Frente Polisario, Sidahmed Battal, quien ocupara la 'irreal' cartera de Defensa, Jandoud Mohamed; así como el pseudo—fiscal de esta organización, Sidi Wagag, y miembros de la seguridad militar en los campos de Tinduf y en la prisión de Rachid.

La misma querella pone de manifiesto que en tales hechos habría actuado de forma connivente o como co-responsables el general Omari, actual embajador de Argelia en Marruecos; Nabil Kadour, oficial de la Seguridad Argelina agregado militar en la Embajada de Mauritania; o Nadim Benaser, oficial del Ejército argelino en la Región de Tindouf.

Según la querella admitida a trámite, el Frente Polisario desarrolló, con la dirección de responsables argelinos, una acción coordinada orientada a la *"eliminación de las élites saharauis de origen español con la intención de romper los vínculos entre las distintas tribus y sus autoridades naturales, con el objetivo de lograr un dominio, directo y efectivo, sobre toda la población saharaui ubicada en Tinduf"*. La querella viene a poner de manifiesto que *"quienes no aceptaron esta política sufrieron actos de represión y maltrato físico y moral, detenciones ilegales, torturas y asesinatos"*.

Llegado el mes de agosto de 2013, el juez Pablo Ruz tuvo que suspender el interrogatorio a dos de los dirigentes del Polisario, Brahim Ghali y Mahjoub Lincoln, a los que había imputado por genocidio y torturas. La suspensión se produjo porque no fueron localizados pese a que uno de los citados para comparecer es el representante de la fantasmal RASD en España. Sí que comparecieron algunos testigos y dos víctimas que se ratificaron en el testimonio que sirvió de base para la redacción de la querella en la que se denuncia, también, el trato dispensado tanto a los saharauis de origen español como a los prisioneros de guerra bajo confinamiento en Tinduf.

Esta forma de actuar por parte del Polisario, vulnerando derechos fundamentales como el de la libre opinión, participación política, libertad de movimientos, etcétera, se ha repetido a lo largo del tiempo, en innumerables ocasiones. Algún lector puede pensar que, en aquellos momentos de conflicto o guerra, podría ser comprensible que se produjeran esas violaciones de derechos; a mí no me lo parece, desde luego, pero es que, además, no es así. La conducta dictatorial del Polisario, que cuenta con la permisividad de la ONU, se mantiene en la actualidad. Quizá uno de los ejemplos arquetípicos de la forma en la que actúan el Frente Polisario y Argelia es todo lo ocurrido a Mustafa Salma Ould Sidi Mouloud, quien fuera inspector de la 'policía del polisario'. Durante el verano de 2010 viajó a Marruecos dentro del programa de intercambio de visitas supervisado por las Naciones Unidas. Tras el reencuentro familiar, en especial con su padre, un anciano jefe tribal saharaui, Mustafa Salma, quiso conocer lo que a él se le había ocultado, el plan de autonomía o regionalización avanzada propuesto por Marruecos. El inspector de la policía del Polisario hizo una comparecencia pública en la que se manifestó a favor de la autonomía, que describió *"como la mejor propuesta para que los saharauis podamos volver a nuestra tierra a vivir en paz"*. Posteriormente se puso en camino para volver a los campamentos. De inmediato, la reacción del Polisario fue afirmar de él que *"ya no era saharaui"*. Como si un movimiento político pudiera decretar la inexistencia de la propia existencia de un ser humano. Amenazaron con detenerle en cuanto llegara a Argelia y eso fue lo que ocurrió finalmente.

El arresto, evidentemente, se produjo sin garantías judiciales, una detención ilegal por motivos políticos realizada por un movimiento sin la 'auctoritas' del Estado ni del Derecho; en definitiva, un secuestro en toda regla.

La detención de Mustafa en Tinduf fue similar a otras, incluso de personas ajenas al conflicto, como periodistas que investigan las violaciones de derechos humanos que se están produciendo sistemáticamente en esos campos de confinamiento.

En ese mismo contexto temporal se estaban produciendo huidas en masa. Concretamente, en esos días un grupo de 110 personas fue detenido cuando trataba de regresar a Marruecos. El arresto se produjo gracias a la vigilancia efectuada desde helicópteros argelinos de fabricación rusa dotados con sistemas de navegación nocturna. Por cierto que el uso de ese tipo de aparatos en tales misiones no se ajusta a los acuerdos comerciales militares entre Rusia y Argelia.

Tuve la oportunidad de entrevistar a Mustafa Salma dos días antes de que fuera detenido ilegalmente por el Polisario. Estas fueron sus palabras en aquel momento:

P.— ¿Qué teme usted que pueda ocurrirle?

R.— *Pues no lo sé. Estoy inquieto. Los líderes del Frente Polisario, tan sólo por expresar mi opinión, han dicho que yo ya no soy saharaui, que soy marroquí. Es inadmisible que gente que ni siquiera es saharaui me diga a mí, saharaui auténtico, hijo de un jefe tribal, que ya no soy saharaui. Esta es la demostración de lo que has dicho en tus artículos: Los saharauis no contamos para nada, no les importamos ni a los líderes del Frente Polisario ni a Argelia, pues se dedican a buscar otros intereses bien distintos de la la paz, la justicia y la seguridad. No quieren que podamos volver a nuestra tierra.*

P.— ¿Cree usted que puede ser detenido y hecho desaparecer?

R.—*Para evitar eso necesito que los medios de comunicación y las organizaciones internacionales de derechos humanos estén un poco atentos, porque ese tipo de detenciones, en el Frente Polisario, se producen sin ninguna garantía judicial.*

P.— ¿Qué opinan los saharauis que viven en los campamentos de la propuesta de autonomía?

R.— *Ya se encargan los argelinos y el Polisario de que no sepamos nada, nos mantienen aislados, saben que una propuesta así sería aceptada por la inmensa mayoría, que lo único que buscamos, después de tantos años de miseria, es volver a nuestra tierra a vivir en paz. La propuesta de Marruecos es el mejor primer paso que podemos tener. Pero el Polisario procura que los saharauis sepan poco para poder actuar por su cuenta. Los de abajo no somos nada para ellos. La gran mayoría de los líderes ni siquiera viven en los campamentos, lo hacen en Argelia y Mauritania, se hacen ricos y se dedican a mantener todo esto porque, si los saharauis abandonan los campamentos, el Frente Polisario quedaría desautorizado y Argelia también.*

P.— ¿Qué pides en estos días de incertidumbre?

R.— *Sólo quiero llegar a mi casa, ver a mi mujer y a mis hijos; volver a mi vida y dar a conocer la propuesta de autonomía a los saharauis que, como yo, somos miles los que queremos volver a nuestra tierra.*

El derecho internacional vinculado a los derechos humanos no tolera un vacío jurídico. Se aplica dondequiera que el Estado ejerza su jurisdicción, no sólo en tiempo de paz, sino también en conflictos armados, como complemento del derecho humanitario. La privación de libertad está sujeta a ciertas condiciones, e incluso las detenciones lícitas resultan arbitrarias y contrarias al derecho si no se las revisa periódicamente.

El artículo 9 de la Declaración Universal de los Derechos Humanos establece que *"nadie podrá ser sometido a arresto arbitrario o detención"*. El artículo 9 del Pacto Internacional de Derechos Civiles y Políticos (ICCPR) también establece que *"toda persona privada de su libertad por detención o prisión tendrá derecho a recurrir ante un tribunal, a fin de que el tribunal pueda decidir sin demora sobre la legalidad de su detención y ordene su libertad si la detención no es legal"*.

En el seno de los campamentos y del propio movimiento del Polisario hay sectores críticos cuyos representantes son sistemáticamente perseguidos y violentados. Quizá uno de los grupos que más ha destacado es el denominado 'Jat Achahid' (Línea del Mártir) conformado o integrado por cuadros y militantes del movimiento independentista que se oponen a las acciones de los eternos dirigentes liderados por el marrakechí Mohamed Abdelaziz, un dictador de manual. Este movimiento emitió un comunicado, tras conocerse el arresto de Mustafa Salma, en el que condenaba la detención arbitraria, que describía como un *"acto irresponsable"* de la dirección del Frente *"que afecta a los derechos de los ciudadanos saharauis de expresar su opinión libre y democráticamente".* El 'Jat Achahid' afirmaba que aunque no está de acuerdo con las opiniones expresadas por Mustafa Salma, producto de *"una visión tribal del conflicto, defiende su derecho a expresarlas públicamente, a volver con su familia y a ejercer su libertad de movimiento".*

Desde el punto de vista del Derecho Internacional, puesto que Argelia no ha cedido su soberanía al Frente Polisario, mucho menos en materia de seguridad, no se puede admitir que unos individuos, sin la autoridad necesaria para actuar como gendarmes o policías, se adentren en territorio argelino, efectúen una detención, bajo acusaciones de espionaje o traición a la RASD, cuando tal entelequia no tiene el reconocimiento como estado. Pero es que, aunque así fuere, las detenciones arbitrarias por motivaciones políticas están al margen del Derecho Internacional vinculado a los Derechos Humanos. Ni siquiera dentro de los campamentos pueden producirse detenciones como la de Mustafa Salma de quien, durante semanas, se desconoció su paradero. Seguramente se evitó la desaparición forzada porque, en esos momentos, se iniciaba la IV Comisión de Naciones Unidas y muchos de los peticionarios, ante la propia ONU, medios de comunicación y Organizaciones Internacionales de Derechos Humanos alzamos la voz para que el Polisario y Argelia dijeran dónde estaba detenido este hombre y que fuera puesto en libertad de inmediato. Fue lamentable ver a su anciano padre, en New York, con lágrimas en los ojos y voz temblorosa, por la edad y el sentimiento de temor, demandar la liberación de su hijo.

Todo lo ocurrido en aquellos días de septiembre y octubre de 2010 es una confirmación más de que Argelia es cómplice, cuando no verdaderamente la responsable, de todo lo que sucede; pues, como queda dicho, los polisarios están en un territorio cuya soberanía no les pertenece en modo alguno. Argelia, al hacer dejación de sus funciones en materia de derechos —como los que se reconocen por la legislación internacional— debería ser objeto de acusación en el seno de las Naciones Unidas o los tribunales internacionales de justicia. Igualmente, en cualquier país donde se apliquen los principios de Justicia Universal podría iniciarse una causa válida contra los miembros del Frente Polisario que practicaron la detención ilegal y de los elementos argelinos que permitieron la misma.

De lo único que puede acusarse a Mustafa Salma es de haber ejercido el derecho a la libertad de expresión. Si el Polisario no admite ese derecho fundamental, debe dejar de ser reconocido por la ONU como único representante de los saharauis porque en la actualidad, ni representa el parecer de los saharauis en su conjunto ni permite que, en su estructura, haya avances democráticos, como se pone de manifiesto en las declaraciones de 'Jat Achahid'.

Aquellos días fueron realmente de una tensión angustiosa para todos los que conocemos cómo se las gasta el Frente Polisario. Realmente estábamos ante un secuestro, de los muchos que cobardemente ha practicado este movimiento y sobre los que vamos a escribir a continuación. Mustafa Salma fue arrestado a finales de septiembre. En octubre, coincidiendo —como decía— con las sesiones de la IV Comisión de la ONU, en la que se estudia y debate la cuestión del Sáhara, se hizo la presión suficiente para que tanto el movimiento independentista como Argelia comunicaran el lugar de la detención y anunciaran la liberación, pero Argelia todavía tendría que demostrar, más a las claras, la verdadera naturaleza de su papel en toda esta historia que dura ya cuarenta años.

Por fin, en diciembre Mustafa Salma fue entregado a los responsables del Alto Comisionado de las Naciones Unidas para los Refugiados (ACNUR) en Mauritania, hecho que fue anunciado por el representante permanente de Marruecos en la sede de Ginebra, Omar Hilale, quien dijo que la entrega a la ACNUR en Mauritania se produjo *"después de multitud de tergiversaciones y a pesar de un desvergonzado chantaje de Argelia y el Frente Polisario".*

Salma fue trasladado a Nuackchott, acompañado por las autoridades mauritanas, para mantener una entrevista "confidencial" con el representante de ACNUR, con el que trató sobre las opciones que se le presentaban para fijar su lugar residencia, *"en conformidad con el Estatuto y los procedimientos"* del máximo organismo de la ONU para los refugiados.

En su declaración, Hilale expresó su agradecimiento a ACNUR y a otras organizaciones internacionales, *"así como a los Estados que ejercieron presión sobre Argelia y el Polisario, desde los primeros días de la detención de Mustafá Salma, a fin de obtener su liberación inmediata e incondicional".*

No obstante, advirtió de que la liberación de Salma *"no absuelve a Argelia, país hostil con las poblaciones secuestradas en los campamentos de Tinduf, de su responsabilidad internacional en lo referente a la detención en su territorio de este militante de los Derechos Humanos y a su entrega al Polisario". "Argelia debe asumir, colectivamente con el Polisario, la responsabilidad por los malos tratos y las torturas físicas y psicológi-*

cas infligidas a Mustafa Salma durante su periodo de detención", añadió.

Asimismo, Hilale elogió a ACNUR por *"no haber cedido a las intimidaciones de Argelia y del Polisario, que han intentado, sin éxito, instrumentalizar su intervención humanitaria en favor de Mustafa Salma con fines de propaganda política"*.

El representante marroquí aseguró también que la liberación de Salma *"sucedió tras la negativa de Argelia a liberarlo desde Tinduf"* y se llevó a cabo *"en conformidad con el Derecho Internacional, en territorio de un Estado soberano, Mauritania, donde fue entregado al delegado de ACNUR"*.

En aquellos días el padre de Mustafa Salma, Ismaili Mulay Salma (un jefe de tribu de 80 años), declaró a la prensa en Madrid que su hijo había sido secuestrado cuando se dirigía a los campamentos de refugiados de Tinduf (Argelia) para defender *"ante la población saharaui"* la propuesta de autonomía para el Sáhara Occidental presentada por el Reino de Marruecos.

Asimismo, aseguró que su hijo tiene nacionalidad española y advirtió, por ello, de que España debía asumir *"su responsabilidad"* y ayudar a conseguir su liberación. Otro de los hijos de Mulay Salma, Mohamed Cheij, aseguró en la misma rueda de prensa que su hermano *"nació y fue registrado en*

1968 como español" y, por lo tanto, *"tiene los mismos derechos que cualquier otro ciudadano español"*.

15.- LA SEPARACIÓN DE LAS FAMILIAS, UNA VULNERACIÓN DE DERECHOS HUMANOS AL SERVICIO DEL CONTROL DEL POLISARIO

Nancy Huff dirige la Organización de Ayuda Humanitaria **'Teach the Children International'**. El primer proyecto en el que se embarcó fue ayudar a poner en marcha una escuela para refugiados sudaneses en El Cairo. Su inmensa actividad se dirigió luego a proyectos en Israel, el Norte de Sudán y Argelia, entre otros países del Norte de África. En cada caso, la organización de Nancy Huff ha trabajado, fundamentalmente, con niños oprimidos por causas bien diferentes, desde la pobreza a la opresión de gobiernos y grupos terroristas, desde la guerra al hambre.

La representante de 'Teach the Children International' es clara al respecto de las actuaciones del Frente Polisario contra la infancia y la violación de sus derechos. He coincidido con Nancy Huff en New York, en la sede de la ONU, con motivo de la IV Comisión, y allí Huff ha puesto de manifiesto reiteradamente que *"no es ningún secreto que desde la formación de los campamentos de Tinduf, en 1975, el Polisario ha separado a las familias saharauis. Una de las excusas que más ha empleado el Polisario para justificar la separación de los niños de sus familias es la educación. En 1999, uno de los líderes del Frente Polisario me dijo que 'no iban derramar una gota de sangre inocente para una sociedad sin educación'. Mientras que eso suena como un mantra maravilloso para el Polisario, la realidad ha demostrado que era una declaración que no están dispuestos a cumplir. En lugar de aumentar el número de escuelas en los campamentos de Tinduf, el Polisario ha estado enviando a miles de niños de corta edad a Cuba, Libia, Argelia y los países de la órbita de la antigua Unión Soviética, para someterlos a procesos de adoctrinamiento más que educativos; todo ello en lugar de gastar dinero en la educación y el establecimiento de escuelas locales que hubieran permitido permanecer juntas a las familias. La realidad es que el número de escuelas en los campos sistemáticamente decrece. La Educación, está claro, no es una prioridad para el Frente Polisario. He hablado con muchas mujeres saharauis adultas que crecieron en los campos de Tinduf, que son analfabetas y no tienen ninguna oportunidad de asistir a la escuela. La práctica del Frente Polisario de llevar a niños tan jóvenes, incluso con siete años de edad, lejos de sus padres, con el fin aparente de educarlos, socava la estructura cultural y tribal de una familia".*

Nancy, comprometida con los derechos de la infancia, cita a Cathy Schen, de la Revista de Psicología de la Universidad de Harvard, para poner de manifiesto que *"el trauma, el dolor y los trastornos causados por la separación, la migración y la reunificación de las familias tiene profundos efectos psicológicos negativos en los niños y sus padres".* *"Además* —añade la presidenta de 'Teach the Children International'— *los niños separados de sus familias tienen menos probabilidades de tener éxito en la escuela. ¿Por qué continúa el Polisario con esta práctica si los resultados son tan nefastos para los niños y sus propias familias?"*, se pregunta Nancy Huff. *" No hay más respuesta que lo hacen para 'reeducar', para 'diseñar' niños que se ajusten a la ideología política de ese movimiento. Otra razón es para asegurarse de que los padres de los niños desplazados permanezcan en los campamentos de Tinduf, en espera del regreso de sus hijos. La educación de los niños, tal como la* concibe *el Frente Polisario, es sólo un subproducto más de los esfuerzos que los dirigentes del movimiento desarrollan para consolidar su estatus quo"*, afirma Nancy Huff.

El Polisario desea una nueva generación leal y cree que la 'reeducación' es un camino viable para lograr ese objetivo. En realidad, está creando generaciones de personas que no encajarán en cualquier lugar en el mundo, sino en su particular y limitadísimo mundo. En buena medida, sólo cuando la estructura de la familia se mantiene es cuando existen mayores posibilidades de criar niños sanos que podrán tomar su lugar en el desarrollo de una sociedad civil fuerte y eso sí que sería beneficioso para los saharauis y para el mundo en su conjunto.

"En mi opinión —dice Nancy Huff— sólo el plan de autonomía puede facilitar que las familias se reúnan, y desde esa realidad afectiva de los menores y con una razonable estructura educativa se podrá realizar una verdadera sociedad en la que la esencia saharaui no se convierta en un drama, sino en una realidad positiva".

16.- VIOLACIÓN DE DERECHOS HUMANOS MEDIANTE EL EJERCICIO DEL TERRORISMO, LAS VÍCTIMAS ESPAÑOLAS DEL FRENTE POLISARIO

Después de que se produjeran los 'Acuerdos de Madrid' y se materializara la salida de España del Sáhara Occidental, la presencia española en aquel territorio mediante actividades como la pesca o la explotación industrial de fosfatos se mantuvo, en virtud 2015 recordará el lector— de que tales acuerdos contenían convenios de cooperación en esos sectores de producción.

El Frente Polisario, con el apoyo de Argelia, entre la mitad de la década de los setenta y finales de los ochenta declaró las aguas marítimas cercanas al Sáhara como 'zona de guerra', sin que tal acuerdo fuera sometido a ninguna autoridad o control internacional. Durante todo ese tiempo el Polisario realizó decenas de acciones terroristas, con total impunidad, y sin que la ONU, siempre ajena a los conflictos hasta que los mismos resultan ser incontrolables, hiciera nada efectivo para evitarlo. Aunque será en la tercera parte del libro donde nos ocuparemos de las consecuencias que el Frente Polisario tiene para la seguridad, debemos hacer referencia ahora a las violaciones de Derechos Humanos fundamentales, por parte del Frente Polisario, mediante el ejercicio del terrorismo, ya que muchas de sus supuestas 'acciones como fuerza beligerante', durante años, no se perpetraron en situaciones de enfrentamiento simétrico, dentro del conflicto bélico, sino que fueron dirigidas contra civiles inocentes, a los que secuestraron, torturaron, hirieron o asesinaron. Prueba de lo que hicieron es que, por fin, en la actualidad, la legislación española sobre víctimas del terrorismo reconoce a decenas de españoles y sus familiares como víctimas del Frente Polisario.

La vergonzante conducta que, durante mucho tiempo, España ha seguido en relación con las víctimas del terrorismo en general ha tenido su peor rostro en las víctimas del terrorismo Polisario. Los políticos canarios, de forma destacada, debieran sonrojarse de vergüenza y parte de la sociedad canaria también, por dar absoluta cobertura a este movimiento independentista, dejando en la cuneta a quienes, siendo conciudadanos, fueron masacrados y olvidados. Igualmente quiero denunciar la misma actitud en políticos estatales, salvo muy raras excepciones, de todas las ideologías, han maltratado de facto a estas víctimas del terrorismo, a las que se ha llegado a condenar al más absoluto ostracismo, al abandono, considerándolas unas víctimas de segunda que no han merecido la atención del Estado hasta fechas muy recientes, con la Ley 29/11. La desconsideración a las víctimas, para mayor humillación, ha ido pareja a reconocimientos y solidaridades con el Polisario, sus integrantes y dirigentes.

Mediante el ejercicio del terrorismo, el Frente Polisario segó vidas y destruyó familias españolas. Las víctimas del terrorismo son las únicas que en realidad cumplen penas de por vida por los atentados. No sobrevendrá, respecto del *sinsentido* de su dolor, ninguna medida que pueda resarcirles. Siempre sucede igual con las víctimas, terminan siendo olvidadas y hasta resultan molestas. Lo vemos en este teatral final de ETA, pero también lo hemos visto durante decenios cuando el terrorismo ha estado activo. En el País Vasco, durante años, las víctimas fueron ignoradas, incluso vilipendiadas, por sectores de la población de esa comunidad autónoma, mientras en el resto del país se guardaban minutos de silencio, se entraba en 'ebullición social' tras cada asesinato para, acto seguido, casi olvidar la cuestión, hasta que ETA cometía una nueva masacre. En esa dinámica endiablada, la sociedad en su conjunto nunca ha tratado a las víctimas de forma adecuada. Lo peor es comprobar que hay diferentes 'varas de medir' a las víctimas del terrorismo y eso se observa con especial relevancia en aquellas que lo fueron por causa del Frente Polisario.

Unos 300 españoles, la mayoría canarios, fueron ametrallados, asesinados, secuestrados por el Frente Polisario, ésa es la estimación de la Asociación Canaria de Víctimas del Terrorismo (ACAVITE). Muchos eran sencillos pescadores que se ganaban el jornal trabajando frente a las costas del Sáhara Occidental, otros eran empleados del antiguo Instituto Nacional de Industria español (INI) que trabajaban en Fosbucraá, dedicados a la extracción de fosfatos, otros fueron militares españoles. Entre aquellas víctimas del Frente Polisario destaca, por su número, ciudadanos de Canarias, pero también había ciudadanos gallegos, andaluces y vascos. En los años 70 y

80 el Polisario, para mantener la atención sobre su artificial conflicto, no dudó en atacar los pesqueros, colocar artefactos explosivos y secuestrar objetivos españoles que luego permanecían en territorio argelino, donde se negociaba su liberación por parte de los diplomáticos españoles, entre otros, el conocido Juan Antonio Samaranch. El ametrallamiento por parte del Polisario de pesqueros españoles desde el año 1975 se prolongó hasta finales de la década de los ochenta. Quizá uno de los ataques más sanguinarios fue el perpetrado contra el buque 'Cruz del Mar' en el que fueron asesinados siete de sus diez tripulantes (los otros tres salvaron sus vidas 'in extremis' tras lanzarse al mar) el 29 de noviembre de 1978. Quienes consiguieron sobrevivir identificaron fotográficamente a varios de los atacantes ante la Policía. El diario ABC (12 de diciembre de 1978) informaba con un gran titular del resultado de las investigaciones: *"Confirmado: Los asesinos eran polisarios"*. El mismo medio de comunicación aseguraba que los terroristas que atacaron el 'Cruz del Mar' habían sido *"identificados por los supervivientes de la masacre con las fotografías de que dispone la*

Policía en Canarias de naturales del ex Sáhara español, que durante un tiempo estuvieron acogidos a nuestra hospitalidad y que fueron expulsados de territorio nacional por actividades incompatibles con su estatus de refugiados". Investigaciones periodísticas, sólo apoyadas por testimonios indirectos, trataron de desvincular este atroz ataque del Polisario. Hoy por hoy, la cuestión sigue abierta, pero no hay ninguna prueba de que no fuera el Frente quien realizara el ataque. Lo cierto es que en aquellos años, como detallaremos más adelante, los propios representantes en España del movimiento independentista advirtieron de que los pescadores que faenaran frente a las costas del que fue Sáhara español, en virtud de tratados bilaterales de pesca con Marruecos, serían atacados y asesinados.

Otro de los atentados más trágicos, si es que es posible establecer niveles de tragedia en estas cuestiones, fue el cometido el 3 de noviembre de 1980 contra el pesquero canario 'Mencey de Abona', desaparecido a unas millas de las costas saharianas. Transcurrido un mes del suceso fue localizado el cadáver de uno de los tripulantes de este buque, identificado como el de Domingo Quintana. En el barco trabajaban 17 personas más. El cuerpo sin vida de Domingo apareció atado de pies y manos y con claros síntomas de haber sido torturado, con las muestras de haber recibido una brutal paliza antes de ser estrangulado y arrojado al mar. Del resto de los tripulantes nada se sabe.

Cuando se produjo lo del 'Mencey de Abona' estaban secuestrados en Argelia, por el Frente Polisario, casi cuatro decenas de pescadores de nacionalidad española. El Gobierno de Adolfo Suárez, para lograr su liberación, tuvo que negociar con los representantes polisarios. El secuestro —técnica propia de piratas y terroristas— fue moneda de uso común por parte de este movimiento en esa época. A finales de 1980 se logró la liberación de aquellos, pero el Polisario siguió secuestrando y atacando, mediante ametrallamientos, a pescadores españoles.

Las acciones terroristas del Polisario más destacadas y denunciadas por investigadores, víctimas y medios de comunicación durante aquellos años de plomo fueron:

1.— El secuestro durante siete meses del comerciante canario Antonio Martín (marzo de 1975).

2.— Atentado contra el pesquero "Puerto de Naos".

3.— Atentado contra el pesquero "Pinzales" (abril de 1977).

4.— Atentado contra el pesquero "Saa" y contra el pesquero "Lugo" en noviembre de 1977.

5.— Atentado contra el barco "Las Palomas" en abril de 1978 (el secuestro de su tripulación duró entre el 20 de abril y el 14 de octubre de ese año).

6.— Atentado contra el pesquero "Lérez" en mayo de 1978. 7.— Atentado contra el pesquero "Tela" en agosto de 1978.

8.— Atentado en septiembre de 1978 contra el pesquero 'María Luisa'.

9.— Atentado contra el pesquero 'Alada' (septiembre de 1978).

10.— Atentado contra el pesquero 'Dorotea' (septiembre de 1978).

11.— Atentado contra el pesquero 'Mar Caribe' (septiembre de 1978).

12.— Atentado contra el pesquero 'El Batan' (septiembre de 1978).

13.— Atentado contra el barco sudafricano 'Zuiderster—8', con seis víctimas mortales (octubre de 1978).

14.— Ejecución sumarísima sobre la cubierta del barco de siete marineros del "Cruz del Mar" (30 de noviembre de 1978).

15.— Ataque contra el barco panameño 'Dong— Bang 53' (julio de 1979)

16.— Atentado contra el pesquero 'Juancho' (mayo de 1980). 17.— Ataque contra el pesquero 'Carmen de las Nieves' (marzo de 1985)

18.— Atentado contra el 'Peixe do Mar' (junio de 1985).

19.— El 22 de septiembre de 1985, atentado contra el pesquero 'Junquito' con asesinato y seis secuestros. El barco faenaba frente a las costas mauritanas, cerca del límite de lo que había sido territorio del protectorado español.

20.— El mismo día el Frente Polisario atacó a la patrullera militar española 'Tagomago', que acudió en ayuda del pesquero. Fue asesinado un cabo segundo, natural de la Coruña. Merece la pena rescatar las crónicas de aquellos días publicadas por el diario 'El País', firmada —la primera— por Carmelo Martín, el 24 de septiembre de 1985:

"La patrullera de la Armada española Tago-
mago (PVz22), con base en Canarias, no re-
pelió el ataque con fuego real de que fue
víctima el pasado sábado a 0,8 millas (1,5
kilómetros) de la costa saharaui en su extremo
sur porque la munición empleada por los

agresores era superior a la que posee el buque de guerra español, reconoció en Las Palmas el comandante de dicho barco, teniente de navío Francisco Olmos Vargas. El Tagomago sólo dispone en su cubierta de un cañón de tres pulgadas y de una ametralladora de 20 milímetros, en la proa y en la popa, respectivamente. Dicha patrullera arribó ayer a las diez de la mañana, hora peninsular, al muelle norte del arsenal de la base naval de Las Palmas (Canarias). Inmediatamente después, Olmos Vargas se entrevistó con el jefe de la Zona Marítima de Canarias, vicealmirante Sánchez Ocaña y Erice. La tripulación recibió órdenes de no dialogar con los medios de comunicación.

*El incidente sufrido por el pesquero artesanal canario **El junquito**, que se encuentra en la actualidad completamente hundido, según aseguraron fuentes militares, ha puesto de nuevo sobre el tapete la reiterada petición de los pescadores canarios para que se refuerce la vigilancia y protección militar española en un caladero en el que faenan algo más de 1.000 embarcaciones a lo largo de 500 millas de costa (unos 1.000 kilómetros por carretera) entre cabo Juby, al norte, y cabo Blanco, al sur.*

El Tagomago recibió cuatro impactos de 20 centímetros de diámetro algo más arriba de la línea de flotación, así como uno más en la chimenea, y fue alcanzado, además, por un cohete que estalló en el puente de mando y que fue el que dio muerte al cabo segundo de artillería José Manuel Castro Rodríguez. El armamento utilizado contra el Tagomago fue una ametralladora de 12,7 milímetros y cohetes de 40 milímetros.

'El fuego fue instantáneo. Duró unos minutos y fue realizado por sorpresa y con dirección de tiro. No pudimos localizar a nuestros agresores a pesar de la proximidad a la costa. La visibilidad era de tres millas porque había mucha calima. Nuestros agresores estaban parapetados aprovechando que aquel lugar es bastante acantilado. Íbamos en una misión de salvamento, y lo primero que me pasó por la cabeza fue abandonar el lugar, para salvar a la tripulación y para que no me hundieran', declaró el comandante de la patrullera, Olmos Vargas.

Por su parte, uno de los dos militares heridos en el ametrallamiento de la patrullera Tagomago, el cabo primero electricista, José Manuel Ferreiro, de

25 años, dijo en el hospital militar de Las Palmas, donde se recupera de sus lesiones en la pierna izquierda: 'Me pareció una eternidad; creí que me habían volado parte del cuerpo'. El otro marinero que sufrió daños en el citado ataque al buque militar español, el cabo segundo de marinería Francisco Sánchez Grane, recuerda que se encontraba de guardia en la sala de máquinas. 'Cuando me asomé', añadió, 'recibí un impacto en el brazo y regresé al punto de donde había partido'.

En la misma cabecera periodística encontraremos después una crónica de Xoxé Manuel Pereira sobre los funerales y el entierro del cabo segundo asesinado en el ataque terrorista:

"José Manuel Castro Rodríguez, de 18 años, el cabo segundo de la Armada muerto en el ametrallamiento de la patrullera Tagomago, fue enterrado en El Ferrol, en el cementerio municipal de Catabois. Cerca de 3.000 personas asistieron al acto, realizado en medio de un impresionante silencio, roto sólo por los sollozos de la madre del marinero. En el entierro estuvieron presentes el presidente de la Xunta de Galicia, Gerardo Fernández Albor; el secretario general del PSOE gallego, Antolín Sánchez Presedo; y otras representaciones civiles. Por parte militar asistieron el Capitán Ge-

neral de la Zona Marítima del Cantábrico, Joaquín Contretas Franco, y el almirante del arsenal ferrolano, Manuel Arias Salgado, entre otras personalidades. El cuerpo de José Manuel Castro llegó a primeras horas de la mañana, procedente de Las Palmas, al aeropuerto compostelano de Labacolla, desde donde fue trasladado por carretera a El Ferrol. La capilla ardiente fue instalada en el Hospital de Marina. A mediodía se celebró un funeral al que también asistieron las autoridades civiles y militares.

En unas declaraciones efectuadas en el cementerio municipal, el almirante Contreras Franco calificó a José Manuel Castro como 'cabo de la Armada que dio su vida en una acción humanitaria, seguramente a manos de los mismos desalmados que atacaron a El Junquito'".

21.— Al año siguiente, 1986, en los meses de julio y septiembre, los polisarios atacaron a otros dos pesqueros 'Andes' y el 'Puente Canario' y a sus tripulaciones con resultados de muerte.

Los ataques a los pescadores españoles, especialmente a los canarios —como indiqué anteriormente— no eran resultado de acciones puntuales, sino que respondían a un determinado plan de acción del Frente Polisario que, para mayor indignación, fue anunciado por los representantes del movimiento en España, en especial por el impresentable Ahmed Bujari, quien en 1978 se permitió amenazar a nuestros pescadores cuando residía —como refugiado— en un piso en El Retiro de Madrid. Bujari, con el que he coincidido durante varios años en la IV Comisión de la ONU y al que he tenido que escuchar hablando desvergonzadamente de Derechos Humanos (encontrándose acogido en España, insisto) dijo, con motivo de la renovación de los acuerdos de pesca, que si se llevaban a cabo el Frente Polisario podría declarar la guerra a España. Y manifestó textualmente: *"Los pescadores canarios tendrán que decidir entre pasar hambre o dejar a sus hijos huérfanos"*. Sus declaraciones fueron recogidas por los medios de comunicación y nadie instó la detención de este individuo, ni se adoptaron medidas para su inmediata expulsión. Ésta sólo se produciría después de decenas de asesinatos, torturas, secuestros y desapariciones. Solo en 1985, con Felipe González ejerciendo la presidencia del Gobierno, se decidió la expulsión de Bujari como respuesta al ataque contra la patrullera Tagomago. González fue quien tuvo que tomar la decisión, el mismo político que diez años antes visitó los campamentos de Tinduf asegurando que estaría junto al Frente Polisario *"hasta la victoria final"*. El líder del PSOE no ha hecho pública una petición de perdón a los españoles masacrados por el Polisario. Lo que sí parece, de facto, es que ha terminado por reconocer el error histórico de su posicionamiento contra Marruecos en aquellos años setenta. ACAVITE cifra en casi trescientas las víctimas de acciones terroristas del Frente Polisario, de las que según declaraciones de la presidenta de la asociación, la periodista Lucía Jiménez, más de un centenar ya han sido reconocidas como tales y, otras tantas, están en proceso de reconocimiento en virtud de la Ley Integral de Ayuda y Apoyo a Víctimas del Terrorismo 29/11, que aplica sus medidas con retroactividad a todas las víctimas del terrorismo, independientemente de que el grupo al que se impute la acción fuera nacional o extranjero, como es el caso del Frente Polisario, a partir de los años sesenta.

Mencionaba antes la poca altura moral que han demostrado casi todos los partidos políticos y sus dirigentes, muy especialmente los canarios, en relación con estas víctimas. Al respecto, Lucía Jiménez ha manifestado que *"hemos presentado la propuesta de una Ley Complementaria de Víctimas del Terrorismo* — existe en todas las comunidades— *en cuatro ocasiones al presidente del Parlamento Canario, al presidente del Gobierno autonómico y a todos los grupos parlamentarios. Todos, sistemáticamente, dan la espalda a las víctimas"*. Esta indignidad se hace solo por arañar los votos de los propolisarios que han creado su propio espacio en el archipiélago. Ese espacio social canario dominado por el Frente Polisario es digno de una investigación a fondo; las primeras aproximaciones a esas indagaciones me hacen pensar que si los canarios vieran por dónde y hacia qué intereses reales se ha ido su dinero, mediante subvenciones poco transparentes, al tiempo que niños canarios tienen que pedir que se abran los comedores escolares para garantizar una mínima alimentación, *todo eso, me hace pensar* —decía— que ciertos partidos y sus dirigentes serían corridos a gorrazos por los ciudadanos a los que dicen representar. Los políticos, canarios y de otras regiones, han subvencionado las actividades del Polisario con montantes multimillonarios y sin ejercer, siquiera, una debida supervisión de ese gasto. Nadie con un mínimo de vergüenza puede entender que durante diez años consecutivos el Gobierno Vasco haya destinado un millón de euros al año al Polisario bajo el concepto de 'Ayuda a la mejora de los transportes públicos en los campamentos de Tinduf'. Se necesita tener muy poca vergüenza y considerar imbéciles a los ciudadanos.

El Polisario ha creado una tupida red social por todo el territorio español, medio millar de asociaciones que recolectan subvenciones a todos los niveles, desde ayuntamientos hasta el Estado.

Mientras, las víctimas del Polisario no han recibido ni un euro; tampoco han recibido ayuda moral, acompañamiento o una mínima muestra de compasión. Así, especialmente en Canarias, las víctimas del Polisario tienen que ver cómo los elementos vinculados al movimiento que asesinó, hirió, secuestró o hizo desaparecer a sus familiares, se enseñorean, y cuando tratan de alzar su voz, tales individuos, con el apoyo de políticos de todos los partidos los silencian.

Lucía Jiménez, en declaraciones a medios de comunicación españoles, hizo, tiempo atrás, una descripción de la situación que debiera hacernos reflexionar: "*En los últimos 35 años se ha construido una propaganda romántica en torno al Frente Polisario que no es real. Se ha practicado un negacionismo sistemático de los atentados cometidos contra ciudadanos españoles por los saharauis durante su enfrentamiento armado contra Mauritania, primero, y luego contra Marruecos. Las víctimas del terrorismo del Polisario han estado durante décadas en el ostracismo, eran invisibles social y administrativamente. El PSOE y el PP han practicado siempre una doble moral, y los polisarios jamás han pedido perdón*".

Esos cientos de víctimas sufrieron una violación de sus Derechos Humanos, primero por la organización que dirigió los atentados en los que ellos o sus familiares resultaron heridos, muertos, torturados, secuestrados o desaparecidos, y una segunda violación por parte de las autoridades españolas al someterles al olvido, sólo por intereses propios de políticos indecentes. Terminaré la referencia a las víctimas españolas del terrorismo del Frente Polisario con la carta de una huérfana al presidente del Gobierno de Canarias, Paulino Rivero. Las palabras de esta mujer son lo suficientemente claras y no dejan lugar a dudas respecto del indecente papel que juegan los políticos españoles, en relación con toda esta historia, desde el año 1975.

DIARIO LA PROVINCIA, 28 DE OCTUBRE DE 2013, coincidiendo con el 33 aniversario de la desaparición del pesquero ´Mencey de Abona:

"Excelentísimo Señor Paulino Rivero:

Mi nombre es María Inmaculada Aulló Garzón, víctima canaria del terrorismo. Sí señor Rivero, soy la hija del marinero Don Miguel Aulló Artiles, tripulante del barco pesquero Mencey de Abona.

Desgraciadamente fue secuestrado por el grupo terrorista Frente Polisario hace ya más de treinta años. Treinta años en los que no nos han devuelto el cuerpo y treinta años de olvido por parte de los gobernantes del pueblo canario, es triste decirlo, pero así es, una realidad de la que usted y sus antecesores siempre fueron y son conscientes.

Treinta años en los que la miseria emocional nos persiguió sin darnos respuestas ni soluciones, algo denigrante para un ser humano, sea viuda, huérfana o madre, a fin de cuentas un ser humano.

Yo contaba por aquel entonces con tres años de edad, imagínese usted la conciencia que una niña de esa edad puede tener de lo acontecido, nula, sólo preguntas y más preguntas que no han sido contestadas hasta hace tres años. Nadie, absolutamente nadie, nos daba una explicación, se nos cerraron las puertas literalmente del Gobierno, de la Marina Mercante... nadie nos atendió. ¿Qué está pasando aquí?, se preguntaron madres, viudas, hermanas, huérfanos y huérfanas. Las preguntas a quién, por qué y cuándo jamás se contestaron.

Cuando tomé conciencia de todo esto, se me contestó y todo por el mismo orden anteriormente mencionado, pero no me contestaron al porqué. Yo, como canaria, no podía tener los mismos derechos que un ciudadano de Madrid o de Barcelona, que sí tienen una Ley Autonómica de Víctimas del Terrorismo, independientemente a la ley nacional.

Pasito a pasito, fui trabajando en saber de lo ocurrido, trabajé muy duro para poder darle justicia a mi padre, en definitiva, trabajé para que se le honrase la memoria, para que una vez sabido lo ocurrido se hiciesen valer mis derechos.

Trabajé muy duro para que el pueblo canario, mi pueblo, supiese de lo ocurrido entre los años 70 y 80. Primero supe del barco de mi padre, pero cuál fue mi asombro cuando me encontré con más barcos: Tagomago, Junquito, Cruz del Mar, Mencey de Abona, Gargomar, Tela, Las Palomas, y así una larga relación de vidas humanas asesinadas, heridas, secuestradas, desaparecidas y supervivientes, que iban a bordo de esos barcos y que trabajan en las empresas e intereses españoles y canarios. Vidas humanas que solo pretendían con su trabajo, que no era otro que el de pescar, poder llevar un bajo sueldo a sus casas para dar de comer a sus familias. Familias que quedaron destrozadas.

Si a estas vidas le añadimos las vidas de los operarios y trabajadores canarios cualificados que trabajaban en las minas españolas de la antigua empresa del INI, en Foss-Bucraa, (nunca fueron protegidas ni por España ni por Marruecos ante los atentados terroristas que cometía con impunidad el Frente Polisario) pude darme de bruces con la friolera de más

de 300 canarios desaparecidos, ametrallados, muti-
lados, asesinados.

Fue dantesca la carga emocional al encontrar-
me con esta realidad, no estaba sola en esto.

Decidí entonces luchar para que saliese a la luz
pública la ignominia que todos y cada uno de
los canarios víctimas del terrorismo del Frente
Polisario estábamos sufriendo y a la que ha-
bíamos sido relegados sin quererlo.

Conseguí por parte del Ministerio del Interior,
sobre todo por ACAVITE, y por la ayuda de su
presidenta, Lucía Jiménez, que se reconociese a
mi padre víctima del terrorismo, concediéndosele
la Gran Cruz a título póstumo a Don Miguel
Aulló Artiles por acto terrorista. Conseguí hacer
valer mis derechos como víctima. Señor Rivero,
seguro que usted ha escuchado hablar de las víc-
timas canarias del terrorismo, seguro que sí, y
además nos pone cara, ya que tuvimos la oca-
sión de compartir con usted las primeras jorna-
das de la Asociación Canaria de Víctimas del
Terrorismo, hace de esto dos años, en el 2010,
en la localidad de San Bartolomé de Tirajana,
Maspalomas.

Le recuerdo a usted dirigiéndose a todos noso-
tros, con un nudo en la garganta, dándonos el
respeto, y las condolencias. Se puso usted de

nuestra parte y yo se lo agradecí, al igual que todas las víctimas que allí nos encontrábamos, entre lloros y aplausos, cuando usted, señor Rivero, se comprometió a impulsar la Ley Canaria de Víctimas Del Terrorismo. Ese día, señor Rivero, yo le creí, pensé que por fin tanta lucha se veía reconocida, pero todo fueron sueños rotos, palabras que desaparecieron como el viento.

Señor Rivero, mi carta no es con la intención de recriminarle nada, entiendo que usted no está solo en el Gobierno canario, entiendo que tiene usted mucho trabajo, al igual que entiendo que sólo somos 300 personas, pero lo que sí entiendo es que usted es el representante de todos nosotros, de todos los canarios.

Pero le ruego que piense que estas personas somos canarios olvidados por las instituciones. Canarias somos 300 personas que hemos regalado en algunos casos más de treinta años de historia, más de treinta años de sufrimiento, de olvido.

Usted tiene una página web llamada "Paulino responde". Sé que usted no contesta los mensajes que se le hacen llegar a través de este medio. En más de una ocasión me he referido a este tema y la respuesta, aparte de ser insatisfac-

toria, ha sido insultante. Sé que usted no ha sido porque, a pesar de todo, sigo creyendo en usted, primero como persona y segundo creo en usted como representante de los canarios.

Por todo ello le pido que impulse la Ley Canaria de Víctimas Del Terrorismo, o que tenga a bien en recibirnos. Es de vital importancia que las víctimas canarias tengamos nuestra propia ley de víctimas, al igual que todas las comunidades autónomas. Poder tener nuestros derechos en nuestro archipiélago sin tener que salir a la Península para poder hacerlos valer desde el Gobierno central.

Tenga usted a bien que las víctimas tengamos un sitio donde poder honrar a los nuestros. En mi caso particular, al no haber cuerpo, no hay tumba y no tengo dónde poder llevar un triste ramo de flores el día de los difuntos o el día del aniversario de su desaparición. Piense usted que muchos de nosotros, treinta años después, tenemos que seguir velando por los nuestros en la intimidad de nuestros hogares. Señor Rivero, apelo a su buen corazón y a su saber hacer, ya que tengo en conocimiento su gran labor realizada como presidente de la comisión de investigación del atentado terrorista del 11—M en el Congreso de los Diputados.

Dése usted cuenta de que es una responsabilidad histórica, la deuda que tiene el pueblo canario con todos los suyos".

17.- ESCLAVITUD, ABUSOS, EXPLOTACIÓN Y CONTRABANDO DE AYUDA HUMANITARIA Y PERSECUCIÓN A LOS DISIDENTES

La esclavitud es una realidad en los campamentos que dirige el Frente Polisario en Argelia, en la región de Tinduf. No se trata de ninguna exageración.

Periodistas, analistas políticos, documentalistas, organizaciones no gubernamentales que trabajan en defensa de los derechos humanos y movimientos religiosos hemos denunciado desde hace años estas prácticas y lo hemos hecho públicamente ante la Organización de las Naciones Unidas, ante los representantes de multitud de países presentes y en las sesiones de la IV Comisión de la ONU, en su sede principal de New York. También se ha denunciado en la sede de Naciones Unidas para los Derechos Humanos en Ginebra, pero Ban Ki Moon y sus representantes pasan por alto estas denuncias, convirtiéndose, con su silencio, en cómplices de tales conductas.

Las prácticas de esclavitud han sido puestas en conocimiento público también por medios de comunicación españoles, por ejemplo en Canarias, donde los políticos prefieren entregarse a mantener ciertos juegos ocultos, bajo las telas de extrañas mesas camillas, en las que se pactan apoyos y desafectos de forma poco honrada, especialmente cuando se acercan periodos electorales, estableciéndose una especie de sutil red clientelar cuyas acciones e intereses viajan en doble dirección: apoyo para ganar (votos) y ganar para apoyar (al Polisario y sus colectivos afines).

Desde la década pasada hemos venido conociendo casos que resultan ser una bofetada para cualquier conciencia digna. Como la historia de una niña de Mauritania acogida por una familia de la Región de Murcia. La menor, criada en Tinduf, fue el primer caso de supuesta esclavitud que hemos conocido. Un día, la niña fue entregada por su familia a una mujer saharaui de los campamentos del Polisario. Una vez llegó a la zona se le explicó cómo sería su vida allí y que trabajaría al servicio de la familia saharaui. Mientras que los niños de ésta iban a la escuela, ella debía limpiar, cocinar y estar al servicio de su 'ama'. Un verano, la pequeña fue incorporada al programa de viajes organizados a España. Una vez con la familia de Cartagena, la menor contó su historia personal y el trato al que era sometida como esclava. Los hechos fueron denunciados ante los tribunales de Justicia para evitar que la niña tuviera que regresar a Tinduf. A su vez, los representantes del Polisario en España pretendieron negar los hechos, cuando lo cierto es que hay informaciones más que suficientes para afirmar que existe esclavitud en los dominios del movimiento que, supuestamente, están bajo la supervisión de un estado soberano como Argelia.

El periódico 'Canarias 7' aseguraba en 2008, respecto al caso de la menor supuestamente "esclavizada", que *"un informe realizado por la organización no gubernamental mauritana 'SOS Esclavos' pone de manifiesto que el régimen de esclavitud de la niña tiene visos de ser cierto. Tras varias entrevistas con la madre biológica, el representante de la ONG en Zuerat (el pueblo mauritano en el que nació la niña) piensa que es probable que la familia saharaui sean los amos de la propia madre biológica y de su hija. La misma ONG indica que 'la madre biológica no confirma que ella y sus hijos sean los esclavos de esa familia, pero dice que a su abuela la educó la mujer saharaui que se llevó a la niña y que la envió a España como si fuera su auténtica madre. La ONG mantiene que tales explicaciones son 'una confesión a medias sobre el estado de esclavitud de la niña y, por consiguiente, de su madre biológica, ya que las mujeres serviles siempre han sido niñeras en la casa de sus amos'. 'SOS Esclavos' no es una organización cualquiera. Está presidida por Boubacar Messaoud, dedicado desde hace años a trabajar sobre casos de esclavitud que todavía perduran en Mauritania, cuyo gobierno abolió oficialmente esta lacra en 1981. Amnistía Internacional (AI) maneja en sus informes la información suministrada por 'SOS Esclavos', que ya ha destapado, al menos, cuatro casos flagrantes de servidumbre".*

La existencia de la esclavitud en los campamentos de refugiados de Tinduf ocupados por unos 40.000 saharauis es una realidad incontrovertible. Basta recordar la película/documental 'Stolen' (robados) en la que se denunciaban las prácticas aberrantes en los campamentos del Frente Polisario. La proyección de la película en 2010 fue protestada de forma enérgica por el Frente Polisario dentro del Festival de Cine de Sidney. Los intentos por censurar tal film por parte de los polisarios se prolongó por más de un año.

Lo curioso de esta película, según reconocen sus autores, Violeta Ayala y Dan Fallshaw (al segundo lo pude conocer personalmente en Estados Unidos cuando denunció ante la ONU la situación de la que se hacían eco en el film) es que *"durante un año el Frente Polisario hizo todo lo posible para intentar impedir que estrenáramos el documental. Nosotros queríamos hacer una historia sobre el Frente Polisario, queríamos ayudarles, no teníamos intenciones de filmar un documental político, pero vimos que esa gente (los campamentos de Tinduf) están viviendo en una prisión política".*

La cuestión es que fue el propio Frente Polisario quien invitó a estos realizadores a visitar los campamentos, concretamente el conglomerado denominado 'Veintisiete de febrero' para rodar un documental sobre un programa de reunificación familiar que estaba gestionando la ONU. El documental se centra en una mujer saharaui de raza negra, Fetim Sel Lami Handi, y en su hija de 15 años, Leil Baba Hussein, así como en el reencuentro de la primera con su madre biológica, Embarka, a quien no veía desde hacía 30 años. Durante el rodaje del documental, Embarka reconoció que fue esclava del padre de Deido Ambark Omar, una mujer blanca, y que tuvo varios hijos con él. Deido la escogió como su esclava. Ayala manifestó que *"cuando quitan a un niño blanco es un crimen y cuando es negro es una costumbre social"*.

El Frente Polisario detectó por dónde se estaba dirigiendo el rodaje y entonces decidió detener a Ayala y a Fallshaw, quienes tuvieron que ser ayudados por las Naciones Unidas y por la embajada de Australia. Todo esto sucedía en el interior de los campamentos de Tinduf.

Los documentalistas salieron de la zona sin las grabaciones, que pudieron ser recuperadas gracias a la intervención internacional, y por eso se pudieron conocer las violaciones de los Derechos Humanos bajo el dominio del Frente Polisario y Argelia.

Los propios cineastas denunciaron toda la situación a la organización 'Human Right Watch' en el año 2008, la organización abrió su propia investigación y concluyó que dentro de los campamentos *"hay saharauis negros que son PROPIEDAD de personas o familias blancas"*. Las investigaciones sobre estos hechos ponen de manifiesto que la mayoría de las víctimas son mujeres de color quienes, incluso para casarse, necesitan permiso del amo. Esto en pleno siglo XXI y la ONU no plantea ni una exigencia de responsabilidades, ni una mínima recriminación contra el Polisario. Ni que decir que tampoco existe la más mínima exigencia a Argelia de velar por la eliminación de la esclavitud en su territorio.

El trabajo expuesto en el documental no es una mera especulación. Los documentos periodísticos como 'Stolen' o la investigación del periódico 'Canarias 7' han revelado los casos de esclavitud, no sólo sobre testimonios directos, sino también sobre documentos de los propios pseudotribunales del Polisario. En esos informes aparece, por ejemplo, Emirik Olud Salem, un saharaui que enseña ante la cámara su cédula de liberación, fechada el 29 de septiembre de 2005, en la que se lee textualmente: *'El cuello de Emirik Olud Salem es libre desde hoy'*. Las investigaciones periodísticas ponen de manifiesto, además, cómo son las experiencias de aquellos esclavos que deciden hablar y denunciar la situación, arriesgándose a ser directamente encarcelados por el Polisario: *"Te encarcelan y desapareces"*.

Las esclavas dentro de los campamentos de Tinduf llegan a tener hijos con sus amos, por lo que la esclavitud no es más que una puerta abierta a una violación de derechos en cadena, falta de libertad, explotación laboral, cuando no abusos sexuales o violaciones.

Sobre las conductas de las que pueden ser víctimas las mujeres comenzamos a conocer asuntos que resultan muy inquietantes. Como el caso que en marzo de 2013 dio a conocer el Foro Canario Saharaui mediante un comunicado, coincidiendo con la celebración de una cumbre de Derechos Humanos en la sede de las Naciones Unidas, en Ginebra. En el informe del foro canario se dice que: *"El 14 de enero del presente año (2013), una nueva querella por violación y lesa—humanidad fue interpuesta en la Audiencia Nacional por una joven saharaui de los campamentos de Tinduf, contra los responsables del Polisario, especialmente su actual embajador en Argel, Brahim Ghali y Abdelkader El Wali, hijo del 'Primer Ministro' Abdelkader Taleb Omar. La querella fue interpuesta por el abogado Agustín de La Cruz Fernández, que representa a la joven Jediyetu Mahmud Mohamed*

Zubeir, nacida en Tinduf, de padres de nacionalidad española, y que se benefició desde su infancia hasta 2005 del programa "Vacaciones en Paz", habiendo sido acogida por una familia sevillana. La joven saharaui, que se presentó en la embajada del Polisario en Argel para la obtención del visado con el que pretendía viajar a España, fue víctima, al parecer, de acoso, agresión sexual y violación por parte de Brahim Ghali, según la denuncia presentada, por lo que se reclama justicia y reparación del daño causado a la víctima.

El caso de la joven Jadiyetu Mahmud Mohamed ha sido adoptado por la asociación 'Hiwar', que apoyará jurídicamente a las jóvenes saharauis de los campamentos de Tinduf, víctimas de este tipo de acosos".

El mismo foro, en relación con los niños, denuncia en su informe que *"el respeto y cumplimiento de los Derechos Humanos, que tanto reclaman el Polisario y sus activistas, debe comenzar por ellos mismos, cosa que como estamos viendo a lo largo de su trayectoria y actividad no cumplen. Una de las conductas irrespetuosas con los derechos de los menores es el uso que se viene haciendo con motivo del programa 'Vacaciones en Paz' durante la época estival en España. A estos niños los han utilizado en varias comunidades autónomas españolas, especialmente aquellas donde existe un llamado delegado del Polisario, en manifestaciones multitudinarias y públicas, en reivindicaciones políticas y alentando el odio. Esto perjudica gravemente la formación y el motivo por el que están invitados a disfrutar de esas vacaciones en paz. De estos hechos se han hecho eco los medios de comunicación social en distintas comunidades como Baleares, (Mallorca), Asturias (Gijón), Aragón (Zaragoza), Madrid, Canarias, etc. Esto sí es una violación flagrante de los Derechos Humanos, ya que los niños no son responsables de esta situación y nadie se preocupa por sus derechos. Al final, como ya se ha dicho en alguna ocasión, los niños son el precio del conflicto".*

Respecto a las situaciones de esclavitud y explotación en los campamentos del Frente Polisario quiero aportar la visión que sobre esta cuestión tiene un buen amigo inglés con el que he compartido varios encuentros en Estados Unidos y el Norte de África. Es Sydney

S. Assor, consultor y reconocido experto en el mundo árabe y en relaciones de comercio internacional, además de veterano y privilegiado analista. Hace unos meses compartimos varias conversaciones para la realización de este libro, al hilo de las peticiones que él mismo ha planteado ante las propias Naciones Unidas. Respecto a la vida dentro de los campamentos señalaba que *"no sólo he planteado todas mis objeciones en las sesiones de la IV Comisión sino que lo he hecho por escrito y de forma detallada ante la propia Organización de Naciones Unidas, informando por ejemplo de cómo la ayuda humanitaria, incluyendo alimentos y medicinas, es desviada y no llega a quienes están detenidos en Tinduf. Se hace contrabando con la ayuda solidaria en mercados en Argelia, Mauritania y Malí y del mismo se benefician responsables del Polisario y de algunos campamentos. Esta malversación de fondos y apropiación indebida de la ayuda humanitaria lleva efectivamente a la desnutrición y la enfermedad de los habitantes de los campamentos, mientras que los carceleros se benefician. Igualmente me consta también el desvío del dinero de la ayuda destinada originalmente para aliviar la privación que sufren quienes viven en esos campos de confinamiento, pero se dirigió a gastos militares. Pero sin lugar a dudas que dentro de los campamentos del Frente Polisario se practique la esclavitud con connotaciones racistas es una cuestión que supera todos los límites. Las Naciones Unidas deben intervenir, especialmente después del trabajo documental australiano (se refiere a 'Stolen') por el que se difundió esta situación a nivel internacional. Si la ONU, como institución, no actúa habrá que denunciar su complicidad y la de las na-*

ciones que se dicen comprometidas con los derechos humanos".

Respecto al contrabando de la ayuda humanitaria que menciona Sydney S. Assor no estamos ante una cuestión menor. Por un lado vemos que Argelia y el propio Polisario se desgañitan pidiendo nuevas competencias para la MINURSO pero no quieren que la observación sobre el cumplimiento de los derechos humanos dentro de los campamentos se lleve a cabo de forma absolutamente libre. Y además nos encontramos con que no permiten que agencias de las Naciones Unidas intervengan para realizar un censo real de las personas que allí habitan. Fuentes del interior de los campamentos nos confirman que el número de habitantes que el Polisario cifra en 120.000 no es más que una falacia. En la actualidad, personalidades que formaron parte de los más destacados centros de poder del Polisario en el pasado han señalado que no habrá, en el conjunto de los campamentos, más de cuarenta o cuarenta y cinco mil saharauis viviendo en ellos; si bien se han incorporado de forma maliciosa personas necesitadas de origen argelino que residían en la región de Tinduf, pero que no pertenecen a ninguna tribu saharaui, ni llegaron allí como consecuencia del conflicto.

Los datos de ocupantes refugiados resultan fundamentales para poder dimensionar de manera adecuada la ayuda humanitaria internacional que se envía a la zona, pero no hay ninguna transparencia al respecto. Toda esta situación ha favorecido el desarrollo de grupos, algunos vinculados a órganos de dirección del Polisario y de gestión de los campamentos, que se organizan de forma mafiosa y que llevan a cabo constantes desvíos de ayuda humanitaria hacia actividades de contrabando.

Personalmente he sido testigo de estas circunstancias y existen pruebas documentales, fotográficas y videográficas. En 2011 publiqué desde Nouadibú (Mauritania): *"Mientras por nuestro alrededor pasa un pequeño rebaño de cabras, nos acercamos ante un puesto en el que nos informan de que vamos a encontrar todo tipo de ayuda humanitaria básica; es decir alimentos. Imposible sacar una foto en ese momento.*

Las denuncias de los saharauis las vemos confirmadas con nuestros propios ojos, no hace falta contrastar aquello que es tan evidente. Cuando ven que nuestro interés allí no está en comprar nada, sino en averiguar cómo se han hecho con esos efectos, rápidamente alguien avisa a un saharaui miembro de las milicias del POLISARIO (nos dicen nuestros colaboradores, que se muestran temerosos y se quedan a una cierta distancia).

Después podemos comprobar que la ayuda humanitaria destinada al contrabando no viaja en simples 4x4, a veces es transportada en camiones trailers.

Marchamos de la manera más discreta del lugar, seguidos a cierta distancia de nuestros colaboradores, quienes indican que el hombre que ha impuesto rápidamente nuestra salida del mercadillo peligroso es de los que colabora con Al Qaeda, aunque no esté integrado en ella. Merece la pena preguntarse si colaborar con Al Qaeda en el Magreb Islámico no es tan peligroso como ser uno de sus filas.

Debemos regresar rápido a la carretera, queremos llegar cuanto antes a territorio marroquí, pues nos dicen que ya se sabe que estamos por la zona y no debemos permanecer en el lugar por más tiempo y sin protección. Así lo hicimos".

Quiero traer aquí un testimonio más sobre esta cuestión que, por ser de una persona vinculada al propio Frente Polisario desde 1975, deja lugar a pocas dudas. Se trata de Fadel Ould Ali Salem, quien fue jefe de seguridad de la tercera zona militar del referido movimiento, puesto que ocupó hasta su retorno a Marruecos. Él me dice que *"gran parte de las ayudas humanitarias destinadas a los secuestrados en los campos de Tinduf es desviada para financiar las supuestas 'zonas militares'. Esto constituye* — aclara el exdirigente del Polisario— *una violación de los fundamentos sobre los que las organizaciones humanitarias establecen el envío de sus ayudas. Se hace contrabando con todo, desde camiones cisterna a coches todo terreno, así como contenedores y productos alimenticios diversos con las siglas de organizaciones humanitarias que no van a la alimentación de la población, sino a abastecer a las unidades militares; pero además* —añade— *la harina, leche en polvo, arroz, aceite y carburante son desviados por el pseudoministerio de Comercio hacia los mercados maliense y mauritano, bajo la supervisión de miembros de la dirección del POLISARIO"*.

18.- LAS VIOLACIONES DE DERECHOS HUMANOS EN TINDUF. LO QUE LOS PRO-POLISARIOS NO QUIEREN VER

Hoy por hoy, ni siquiera democracias avanzadas como Estados Unidos, Reino Unido, Francia o España son ajenas a denuncias por malos tratos o vulneración de derechos humanos. Basta ver cómo en la jurisprudencia española son constantes las resoluciones de casos por vulneraciones de derechos fundamentales. Es impensable la perfección de los estados en esta materia; ahora bien, ante eventuales vulneraciones de derechos, las democracias se dotan de instancias civiles y jurídicas a las que se puede acudir para denunciar los casos y buscar justicia.

En Marruecos se observa una intensa actividad en este terreno y es de especial relevancia la labor de la Comisión Nacional de Derechos Humanos, instancia que se ha convertido en un instrumento rector en la materia. Así, las denuncias que se plantean, como ocurre en España, se hacen públicas y se someten a la observación internacional, incluso de parte de personas y movimientos abiertamente anti—marroquíes, que asisten a sesiones de juicios mientras organizan manifestaciones en la calle contra el ordenamiento jurídico interno del país.

En España, algunos activistas pro—polisarios, con una capacidad de cinismo inabarcable, mientras se afanan en gritar contra Marruecos de forma permanente callan criminalmente frente a las violaciones de derechos humanos que el Polisario cometió en el pasado y las que ejecuta en el presente.

La diferencia con Marruecos es que en este país existe un derecho que permite la denuncia y la investigación de los casos que puedan plantearse, como ocurre en cualquier estado de nuestro entorno, mientras el Polisario no permite que observadores independientes internacionales hagamos el más mínimo trabajo de investigación en los campos de confinamiento que dirigen. Intentar hacerlo puede ser una actividad de riesgo, si observamos cómo cualquier análisis crítico es respondido, incluso, con amenazas de activistas en redes sociales y foros de internet. El Polisario es la única representación política con la que, actualmente, pueden contar los miles de saharauis que viven en Tinduf; y además esa única y dictatorial representación está auspiciada por la ONU. Me pregunto a qué intereses se sirve cuando se mantiene en el poder de un movimiento dictatorial a la misma cúpula dirigente desde hace más de cuarenta años. Así, la ONU ha terminado por convertirse en una institución que favorece la vulneración de un derecho fundamental, como es el de la participación política, y lo hace con un movimiento al que se le permite gobernar, 'manu militari', la vida de miles de personas que no tienen derecho a opinar de manera diferente a lo que ordenan sus dirigentes. Los confinados en Tinduf no tienen derecho a decidir sobre su presente y su futuro con plena libertad porque, entre otras cosas, el Polisario —para lograr operar esa suerte de pensamiento único— vulnera otros derechos como el de la información. Éste resulta fundamental para fomentar el pensamiento social crítico y la formación de una idea política, aun pudiendo ser diferente a la que imparte doctrinalmente el movimiento que controla la vida de tanta gente.

Los silencios cómplices respecto de lo que ha hecho y hace el Frente Polisario no son más que connivencias criminales; igual que lo son aquellos silencios, cuando no apoyos directos, con regímenes, como el cubano, que persigue y aniquila la disidencia. Resulta bochornoso que conciudadanos españoles, que por su labor artística son conocidos, puedan decir sin consecuencia alguna que los disidentes cubanos están muy bien en prisión porque son terroristas. Muchos de los famosos que así opinan son los mismos individuos que defienden al Frente Polisario, su ideología y su historia. Desprecian a los que son víctimas de ese ideal revolucionario que no se conforma más que como un puro excremento de la historia, a cuya sombra se han justificado miles de muertes.

III Parte

Polisario: un frente contra la seguridad internacional

19.- El Polisario, Argelia, el terrorismo y el crimen organizado

La hipotética creación de un Estado en una zona del Sáhara Occidental, como el que reivindica el Frente Polisario, en contacto con el Sáhel (donde operan algunas de las franquicias jihadistas más importantes y el crimen organizado) sería abrir la puerta a un 'estado fallido', un estado títere al servicio de los intereses más inconfesables de ciertas estructuras de poder de Argelia.

Cuando el argelino Grupo Salafista para la Predicación y el Combate (GSPC) se transformó nominalmente en Al Qaeda en el Magreb Islámico recibió el mandato de parte de Osama Ben Laden y Ayman Al Zawahiri de *"convertirse en una espina clavada en la garganta de los infieles hijos de España y Francia y en los gobiernos apóstatas de Argelia y Marruecos"*. Los analistas internacionales que nos acercamos a este conflicto coincidimos en un diagnóstico claro: los terroristas y criminales que operan en el 'avispero' en el que se ha convertido el Sáhara argelino y el Sahel se harían con las estructuras de poder de ese supuesto estado débil, fallido, permitiendo la ejecución de los planes del jihadismo combatiente y desequilibrando el conjunto del Magreb. Esos grupos delictivos tendrían a su alcance objetivos de su máximo interés, como es la propia Argelia, Marruecos y España y, por ende, la penetración en la Unión Europea; además, apuntarían a los intereses norteamericanos y franceses, así como a los de sus aliados.

Respecto de la actividad terrorista y del crimen organizado en la zona sahelo— sahariana y la intervención en la misma de saharauis y elementos vinculados al Frente Polisario se dispone de abundante información contrastada; además de las investigaciones que han realizado diferentes servicios que, especialmente en los últimos años, monitorean con inteligencia humana y tecnológica los campamentos. Parte de esa permanente monitorización ha evitado algunos secuestros que se encontraban en marcha.

El 11 de agosto de 2012, el periódico español ABC titulaba una de sus páginas con una información que deja pocas puertas abiertas a la duda: *"El Frente Polisario reconoce que hay saharauis alistados en Al Qaeda"*. La noticia continuaba diciendo lo siguiente: *"Entre veinte y treinta saharauis forman parte de los grupos terroristas que tratan de imponer su ley en el Sahel, reconoce el Gobierno de la <u>República Árabe Saharaui Democrática (RASD)</u>. Pertenecen a bandas como Al Qaida del Magreb Islámico (AQMI), la más importante de* *la región, y otras células yihadistas nacidas más recientemente como el Movimiento para la Unidad y la Yihad en África Occidental (Muyao), que secuestró a dos españoles en la zona que controla el saharaui Frente Polisario el pasado 22 de octubre.*

«Son 20 o 25 divididos en dos grupos», explica el Ministro de Defensa saharaui, Mohamed Lamín Bouhali, respondiendo al enviado especial de ABC durante una reunión con una delegación española en Rabuni, capital administrativa del Polisario. «Unos están con Al Qaida, algunos de ellos puede que ya no estén vivos y otros están detenidos. Otros, en torno a 14, están con el Muyao», añade.

Se trata de personas «ligadas tradicionalmente al nomadismo y al narcotráfico». «Es un grupo pequeño que no opera en la zona donde nos encontramos ahora», aclara el ministro, que es partidario de «atacar» a grupos como AQMI o Muyao antes de «dejarlos a su antojo».

La delegación española de amigos de la causa saharaui recibida por Bouhali ha visitado los campamentos de refugiados en contra del criterio del Gobierno español, que ha advertido del inminente peligro de secuestros de españoles en la zona y que ya la semana pasada repatrió a los cooperan-

tes. Madrid no ha querido sin embargo dar detalles de esa amenaza.

AQMI nació a mediados de la década pasada sobre la base del argelino Grupo Salafista para la Predicación y el Combate (GSPC), que llevaba ya meses extendiendo sus tentáculos hacia el Sahel. En los últimos años la presencia de terroristas en la banda es cada vez más internacional y acoge ya a ciudadanos de todos los países del Magreb y de muchos otros países africanos.

Ante esa realidad multinacional no sorprende la presencia de saharauis en esos grupos terroristas. Sí sorprende quizás que un alto cargo del Polisario lo reconozca abiertamente en público y dé esos detalles.

El propio presidente saharaui, Mohamed Abdelaziz, ha dicho en una entrevista concedida a ABC que en el secuestro en los campamentos de refugiados de los cooperantes españoles Ainhona Fernández y Enric Gonyalons junto a la italiana Rosella Urru el pasado 22 de octubre participó un ciudadano saharaui. La acción fue reivindicada por el Muyao, que los tuvo cautivos en Malí, y se resolvió el pasado 18 de julio tras intensas negociaciones y el pago de un rescate.

Una importante fuente de financiación de estos grupos es el cobro de rescates para liberar a los occidentales que secuestran. También se pagó para liberar a tres cooperantes catalanes en 2010 en Malí tras un secuestro muy similar al perpetrado en octubre en Tinduf".

Los analistas que durante años hemos investigado la porosidad entre el Frente Polisario, el terrorismo y el crimen organizado en el área del Sáhel y el Sáhara, de manera constante, tenemos que enfrentar —tras cada análisis— una cascada de descalificaciones personales y amenazas desde el lado pro— polisario, intentando lograr que guardemos silencio, que callemos. Lo curioso es que el pseudo—ministro de Defensa de la fantasmal RASD ha reconocido la relación entre elementos de los campamentos controlados 'manu militari' por el movimiento con dos de las principales franquicias jihadistas que operan en el área, así como con el crimen organizado. Y los pro—polisarios guardan silencio.

La caída de Gadafi en Libia y la guerra en El Azawad (norte de Malí) son dos hechos que han permitido una visualización mayor de la interacción entre los elementos polisarios y el amplio espectro de la fenomenología criminal de la zona, incluyendo el terrorismo, algo sobre lo que venimos investigando e informando unos pocos analistas independientes y que no sólo hemos dado a conocer en publicaciones, sino que hemos expuesto en reuniones oficiales en las Naciones Unidas.

Lo curioso es que en las distancias cortas los representantes de distintos países reconocen que esa realidad es la que es, pero cuando llega el momento de que adopten una actitud proactiva en la atención de este problema, prefieren mirar hacia otro lado. La mediocridad de instituciones internacionales y gobiernos en cuanto a lo que ocurre en el Sahel y el Sáhara, con muy brillantes excepciones, tendrá como consecuencia —de no cambiar tal actitud— el incremento de amenazas y riesgos para la propia zona y para la seguridad internacional, en especial para Europa.

Francia, como verdadera potencia mundial, ha demostrado que no está dispuesta a permitir que esa zona de África se convierta en una nueva Afganistán, pero el esfuerzo podría resultar baldío si no se aborda, con todos los países del Magreb y el Sahel, la creación de una estructura de seguridad internacional. Se han dado algunos pasos tímidos para sentar las bases de lo que podrá ser la estructuración de un sistema de seguridad conjunto, pero todo resulta a todas luces insuficiente. Las revueltas árabes, mal denominadas 'primavera árabe', no abrieron puertas a un periodo de estabilidad, sino —todo lo contrario— a una mayor inestabilidad e incertidumbre.

Desde la perspectiva securitaria debería bastar con observar la situación de Libia y el sur de Túnez.

Recorrer determinadas zonas de estos países, hablar con grupos, personas, instituciones, fuera de los focos académicos o congresuales, me ha inclinado a pensar que — de no mediar mucha inteligencia— lo peor podría estar por venir. Respeto los análisis academicistas o institucionales, hechos desde despachos en Madrid o en otros sitios. Considero que la frialdad del analista, alejado de la realidad real, resulta necesaria, es vital. Lo malo es cuando determinados analistas se empecinan en poner sus conclusiones por encima de lo que pasa sobre el terreno.

Otro escenario que debe ser analizado con prudencia es Malí, en cuyo área norte, el Azawad ha logrado controlar la expansión del terrorismo jihadista, puntualmente, porque la actuación internacional liderada en la Operación Serval por los franceses ha devenido —como era previsible y anunciamos— en una atomización y expansión de franquicias, grupos y katibas terroristas hacia zonas adyacentes, ampliando su ámbito de acción a diferentes países.

Es en todo ese contexto en el que hoy se encuentra incardinada la porosidad de actores del Frente Polisario con los elementos que conforman la compleja fenomenología criminal de la zona, desde el terrorismo al tráfico de armas, desde el contrabando de tabaco al tráfico de personas, pasando por el narcotráfico a gran escala.

Pensemos por un momento cómo los jihadistas de Al Qaeda en las tierra del Magreb Islámico (AQMI), Ansar Eddine, MUJAO, Los firmantes con sangre y otras organizaciones similares se incorporaron al asalto del Norte de Malí, en un conflicto del que se apoderaron, porque no le era propio, ya que todo empezó merced a las acciones protagonizadas por los tuaregs laicos del independentista Movimiento de Liberación Nacional del Azawad (MLNA). Los grupos jihadistas se hicieron con un poder homogéneo en el territorio que fueron ocupando, aplicándose en la eliminación de grupos y personas que pudieran suponer un riesgo para sus planes. Se hicieron con armamento —especialmente procedente de los arsenales de Libia—; establecieron estructuras de control social, abrieron una decena de campos de entrenamiento con depósitos de armas y combustible, distribuidos estratégicamente para garantizar el movimiento de sus 'unidades' y, al más puro estilo de quien fundara Al Qaeda, Abdula Azzan, supieron convocar a mujahidines para incorporarse a sus filas, llevando hasta allí a individuos procedentes de diferentes países, también desde Argelia y, en particular, de los campamentos de confinamiento del Polisario en Tinduf. Un cable informativo publicado por la Agencia France Press el 21 de octubre de 2012 señalaba que muchos de los acogidos en los campos de entrenamiento jihadistas en el Norte de Malí, o los que directamente se incorporaron a los grupos que operaban sobre el terreno, procedían de los campamentos polisarios. La información fue desmentida por los líderes del movimiento, como era de esperar, pero lo cierto es que la noticia de France Press se vio confirmada por el propio gobierno maliense, en palabras de su ministro de Asuntos Exteriores, Tyemán Coulibaly, quien confirmó la presencia, entre las franquicias terroristas perseguidas en el norte de su país, de grupos procedentes de los campamentos de Tinduf. Según sus propias declaraciones, *"al principio eran sólo 500 jihadistas, pero después la cifra creció hasta alcanzar un número de entre 5.500 y 6.000 terroristas, entre los que se ha detectado la presencia de numerosos jóvenes procedentes de los campamentos del Polisario situados al Sur de Argelia"*.

Pero esta vinculación de elementos vinculados al Polisario y el jihadismo no es una novedad que se haya descubierto con motivo del conflicto en Malí. La guerra de los años 90 de Argelia contra el salafismo combatiente, que fue cambiando de denominaciones hasta convertirse en Al Qaeda en el Magreb Islámico (AQMI) en el año 2007, no evitó que las tesis jihadistas se introdujeran en los campamentos bajo control Polisario. En buena medida, la inoculación de este veneno se produjo por los jóvenes que habían permanecido esos años estudiando en Argelia, lo que les permitió entrar en contacto con los grupos salafistas y sus adherencias en los institutos de enseñanza, universidades y movimientos ciudadanos. Así pues, en los años noventa, en opinión de quienes fueron miembros de la seguridad del Frente Polisario y que huyeron de Tinduf, debemos ubicar las primeras vinculaciones de elementos independentistas con el jihadismo. Otra fuente de generación de jihadistas en el interior de los campamentos fue el retorno de aquellos individuos que el Frente permitió salir hacia Mauritania, donde entraron en contacto con un instituto teológico islámico en Nouakchott, desde donde se hacía un férreo adoctrinamiento en la vía de la Salafiya Jihadiya. Pese a que en 2004 esa institución ya estaba cerrada, lo cierto es que generó un entorno 'cultural—religioso' claramente proclive al jihadismo combatiente. Es con gente vinculada a esa institución religiosa con la que se sentaron las bases para, posteriormente, crear el 'Ansar al Sharia' de Mauritania, muy activo y vinculado con grupos de la misma denominación incluso en Europa, en la actualidad.

Así pues, con personas que fueron autorizadas por el Polisario a ir a estudiar a Argelia o comerciar a Mauritania, una vez retornadas, ya en los años noventa, podemos observar que se inicia la dinámica creciente del jihadismo en el interior de los campamentos.

Bien sea por las vinculaciones familiares a ciertos líderes polisarianos de alguno de estos individuos o por una cuestión de simple y pura estrategia, el movimiento que tan férreamente controla a la gente en los campamentos de Tinduf permitió —por acción u omisión— que un terrorismo de etiología diferente al que él mismo había practicado creciera entre sus filas. Todo ello, unido a la frustración de generaciones de jóvenes a las que el Polisario no ha sabido dar respuesta, ha fabricado un clima favorable a la expansión de las actividades de los grupos jihadistas, que aportan expectativas que parecen entusiasmar cada vez más a las nuevas generaciones de los asentamientos de Tinduf. Los tres campamentos del Frente Polisario en los que se detectó una mayor presencia de personas vinculadas a la ideología salafista/jihadista fueron el de Smara, el de Aousserd y el de Aaiun, a la sombra de la actividad de tres conocidos imames, cuyos nombres aparecerán luego vinculados a diferentes investigaciones antiterroristas tanto en la propia Argelia como en

Mauritania. Estos líderes religiosos actuaron no sólo como altavoces de la referida ideología, sino como verdaderos reclutadores de terroristas. La revista de análisis 'Jeune Afrique' señala en un informe de 2012 que la primera implicación conocida o probada de los radicales salafistas en las filas del Polisario se produjo en el mes de diciembre del año 2003, cuando la Policía de Mauritania abortó una operación terrorista en Nouadhibou. Allí arrestaron a un militar del Frente Polisario cuando trataba de robar una partida de explosivos. El detenido, Baba Ould Mohamed Bakhili, reconoció que trabajaba para el Grupo Salafista para la Predicación y el Combate (GSPC), que se convirtió en Al— Qaeda en el Magreb Islámico (AQMI) en enero de 2007.

Más tarde, y también en Mauritania, fue descubierta y detenida una célula de reclutamiento jihadista cuyo liderazgo fue imputado por las autoridades de aquel país a Mohamed Lamine Ould Louleïd Maaouya, quien procedía de los campamentos de Tinduf.

En el mes de junio del año 2005, dos grupos integrados en el GSPC, la katiba de los Moulathamine, dirigida por Mokhtar Belmokhtar, y la de Tarek Ibn Ziad, cuyo núcleo estaba formado por saharauis, irrumpieron en el cuartel militar de

Lemgheity, en el noroeste de Mauritania, asesinando a 15 soldados.

Igualmente se vincula a saharauis procedentes de los campamentos del Frente Polisario con las acciones de grupos jihadistas a lo largo de los años siguientes, como en el ataque a la gendarmería de El Minya en abril de 2006, en Argelia. En Mauritania, su actividad también se detectó cuando en 2008 se desarticuló una célula de Al Qaeda en el Magreb Islámico que había organizado una acción para asesinar al embajador de Israel en ese país; o al año siguiente cuando fueron descubiertos varios saharauis en Níger durante un combate en Telemses. En todos los casos se ha podido verificar que los terroristas de los que hablamos obtuvieron su formación militar dentro de los campamentos del Frente Polisario.

La estrategia de Al Qaeda en el Magreb Islámico, que lidera el terrorista Abdelmalek Droukdel, y las katibas o franquicias dirigidas por sus lugartenientes o socios como Sud— Yahia Djoiuadi, Nabil Makhloufi o Oukacha Djamel (alias Yahia Abdou el—Hamman) es clara. El reclutamiento dentro de los campamentos del Polisario es a la vez un medio para hacer frente a las pérdidas en sus propias filas y asegurarse el trabajo, muy bien remunerado en ocasiones, de mujahidines experimentados y conocedores del terreno del Sahara.

En el año 2007 fue detenido en Malí Hakim Ould Mbarek, hijo de un alto oficial del Frente Polisario, cuando trataba de conseguir un gran cargamento de ácido nítrico. Tras su arresto, fue extraditado a Mauritania, cuyas autoridades habían decretado su búsqueda y captura, donde fue sentenciado a cumplir una condena de 10 años de cárcel. Según 'Jeune Afrique', Hakim Ould Mbarek, con su cómplice Maaouya, al que antes he hecho referencia, conseguía en los campamentos del Polisario medicamentos, municiones y piezas de repuesto, que después enterraban y que luego localizaban utilizando sistemas GPS para venderlos a los yihadistas.

Ésta es otra deriva de lo que ya he mencionado respecto de la porosidad de elementos del Frente Polisario con el conjunto de factores que conforman la fenomenología criminal que opera en toda la zona. Un verdadero avispero.

Es cierto que hay derivas de elementos polisarianos directamente hacia el terrorismo, pero no menos peligrosas son las derivas y conexiones hacia el mundo del crimen organizado, que a su vez se vincula con el terrorismo, puesto que desde el contrabando de la ayuda humanitaria, el tráfico de seres humanos, el narcotráfico y el tráfico de armas se financia el propio terrorismo. Estas vinculaciones de elementos del Polisario, por ejemplo con el narcotráfico, está en la base de numerosos episodios violentos y secuestros en la zona. Toda la actividad criminal es conocida por el gobierno de Argelia, que hace la vista gorda a tales conductas, si bien no podemos precisar a qué responde este comportamiento, tan irresponsable como delictivo, salvo que determinados niveles del staff de la seguridad argelina se beneficien también de esas actividades. En el mes de septiembre del año 2009 varios responsables del Frente Polisario, incluido un jefe militar, fueron capturados en territorio de Argelia por un grupo de delincuentes que procedían de Malí. Unos días después fueron liberados tras el pago de una cierta cantidad económica por parte del propio Frente Polisario, según diversas fuentes, entre otras el propio 'Jeune Afrique'. Los delincuentes malienses actuaron así después de que un cargamento de cannabis no fuera entregado a sus destinatarios en Malí por parte de los saharauis que actuaban en la intermediación. Dos meses más tarde de aquellos hechos se produjo el secuestro de tres cooperantes españoles cuando viajaban entre Nouakchott y Nouadhibou por un grupo vinculado a AQMI. El secuestro fue dirigido por Omar Ould Hamma (Omar Saharaoui), ex miembro del Polisario, nacionalizado en Malí y conocido traficante. Omar Saharoui fue capturado por

agentes de Mauritania en Gao y llevado a Nouakchott, donde fue condenado.

Merece la pena recordar algunas cuestiones relacionadas con aquel secuestro y con sus autores.
La ONG **África—Fundación Sur** emitía en esos
días una información en la que denunciaban que
militares del Frente Polisario habían ayudado a Al
Qaeda en el Magreb Islámico a realizar el secuestro de los cooperantes y que, además, colaboraron
en la huida de los secuestradores con sus víctimas
hasta la frontera de Malí. La denuncia de la ONG
se publicó el 12 de abril de 2010 en una crónica de
'**Le Potentiel**', en la República Democrática del
Congo, y aparece firmada por Freddy Mulumba
Kabuayi:

"Después *de largas semanas de espera, por fin se
hizo la luz sobre las circunstancias de los sucesos
ocurridos en la frecuentada ruta que une Nuadibú y
Nuackchott, en Mauritania, el pasado 29 de noviembre de 2009, cuando fueron secuestrados tres
cooperantes españoles, miembros de una ONG cata-
lana, que transportaban ayuda a las poblaciones
más desfavorecidas de algunas partes subsaharia-
nas, así como sobre el asunto del secuestro de la
pareja de italianos, el 18 de diciembre, en la región de Kobeni, a más de 700 kilómetros de la capital mauritana, Nuackchott.*

En efecto, después de haberse confirmado por parte de la ministra mauritana de Asuntos Exteriores, Naha Ould Mouknass, que "todas las personas" que participaron en el secuestro de una pareja de italianos habían sido arrestadas, se anunció que el principal autor del secuestro de los tres españoles, por parte de Al Qaeda del Magreb Islámico, había sido procesado y encarcelado en compañía de cinco de sus seguidores, sin hablar de otros dos que habían sido puestos bajo vigilancia judicial.

En este mismo sentido, las autoridades mauritanas anunciaron el día 29 de marzo que 20 personas habían sido inculpadas y encarceladas por su supuesta pertenencia a un grupo de traficantes vinculados a Al Qaeda en el Magreb Islámico. Estos últimos acontecimientos ilustran la determinación del nuevo equipo de dirigentes mauritanos para acabar con la utilización de su territorio por los grupos criminales y terroristas. Alarmados por la proliferación de todas las formas de tráfico en su país y por los movimientos de grupos terroristas vinculados al brazo de Al Qaeda en el norte de África, los servicios de seguridad mauritanos han desplegado, gradualmente, sus investigaciones para llevar ante la justicia a los responsables de los secuestros de los europeos. La investigación ha revelado que estos actos fueron obra de redes criminales que actúan con total impunidad en la extensa tierra de nadie, que representa el triángulo fronterizo entre Mauritania, Argelia y Mali. Peor aún, estos criminales no son otros que los traficantes que pro-

vienen de los campos del Frente Polisario en Tinduf, algunos de los cuales trabajan para las estructuras militares de este movimiento separatista con sede en el suroeste de Argelia. Por otra parte, las investigaciones han confirmado que el secuestro de los tres españoles, de los que dos todavía están en manos de Mokhtar Belmokhtar, emir de Al Qaeda en el Sahel [ya se había producido la liberación de una de las secuestradas, Alicia Gámez], no se habría podido efectuar sin la contribución del llamado Omar Ould Sid Ahmed Ould Hamma, alias Omar Saharaui, miembro del Frente Polisario que acaba de ser reconocido por la justicia mauritana como el principal autor del rapto en cuestión y encarcelado en la prisión central de Nuakchot. Según las fuentes de seguridad mauritanas, además del arresto de este individuo directamente relacionado con Mokhtar Belmokhtar, las autoridades mauritanas han inculpado a más de una veintena de personas por el mismo asunto, entre las cuales se han podido identificar a algunos 'militares' en activo en el seno del Frente Polisario. Entre ellos estaría M.S.M.A.O.R., de unos 50 años, que ejerce en la cuarta región militar del Polisario; M. S.H., de unos 20 años, que ejerce en la misma región; así como N.O. M.M'B., de unos 50 años, que había ejercido en la séptima región militar del Polisario, antes de meterse en el contrabando y el tráfico entre Zouerate y Atar, al norte de Mauritania. Más allá de todas estas consideraciones, queda claro que los resultados de las investigaciones de las autoridades mauritanas han puesto de relieve el alcance de las conexiones desarrolladas por los emires sahelianos de AQMI, en las *filas de los grupos criminales que están activos en los estados de la región, donde han recibido la orden de "subcontratar" las actividades terroristas de la rama magrebí de Al Qaeda y de secuestrar a los trabajadores humanitarios occidentales, para revenderlos a las estructuras de esta organización, que tienen sede en el vasto norte de Mali. **Este asunto constituye la enésima prueba que demuestra la manera en la que AQMI se beneficia de la persistencia de los conflictos separatistas en la región, como el conflicto del Sáhara con Marruecos, para comprar los servicios de ciertos separatistas, fácilmente orientados a facilitar las actividades terroristas, dada la incapacidad de los dirigentes del Polisario para ofrecer perspectivas políticas tranquilizadoras para su futuro".***

Otro teletipo de la Agencia EFE sobre el procedimiento judicial contra Omar Saharoui, que no tiene desperdicio, ponía al descubierto el reconocimiento de los polisarios secuestradores y lo que cobraron:

"La Fiscalía mauritana ha pedido cadena perpetua con trabajos forzados para el principal imputado por el secuestro de tres cooperantes catalanes en Mauritania, Omar Saharaui, y para tres de sus presuntos colaboradores. El Ministerio Público ha reclamado penas de tres y dos años de prisión firme para otros dos implicados en el caso. Por su parte, el presidente de la Sala Penal del Tribunal de Nuakchot ha decidido suspender el juicio contra otros cinco procesados en rebeldía —entre quienes se encuentra Moctar Belmoc-

tar, presunto jefe de la rama de Al Qaeda Islámico (AQMI) que mantiene secuestrada a Albert Vilalta y Roque Pascual— hasta que sean arrestados. El fiscal ha pedido la cadena perpetua para Omar Uld Sid'Ahmed Uld Hame, verdadero nombre de Omar Saharaui, al considerarlo el organizador material del secuestro el pasado 29 de noviembre de Vilalta, Pascual y Alicia Gámez en la carretera entre Nuakchot y Nuadibú. Según la acusación, Saharaui reconoció haber recibido 10 millones de francos CFA (unos 15.000 euros) de Belmokhtar por ejecutar el secuestro, una parte antes y otra después de haberlo llevado a cabo. La Fiscalía demandó la misma pena para Mohamed Salem Uld Ahmuda Uld Mohamed, militar del Frente Polisario, a quien acusa de haber guiado a los captores en su huida a través de territorio saharaui hacia Mali. [...] Se pidieron tres años de prisión firme y una multa de 200.000 uguiyas (550 euros) para la hija de Uld Isaui por haber alertado a Saharaui después de que su padre fuese detenido, lo que permitió su huida a Mali, y dos años y 500.000 uguiyas (1.380 euros) contra otro acusado por haber aprovisionado a los secuestradores.

El presunto autor del secuestro de los cooperantes españoles en Mauritania, Omar Saharaui, se declaró "no culpable", al igual que otros cinco supuestos implicados, en el comienzo del juicio que se abrió en Nuakchot por este caso. Saharaui, cuyo verdadero nombre es Omar Uld Sid'Ahmed Uld Hame, está siendo juzgado por la Sala Penal del Tribunal de Nuakchot junto a otras diez personas, de la cuales cinco están procesadas en rebeldía.

Ante una gran expectación mediática y con presencia de varios diplomáticos europeos en la sala, el tribunal abrió la sesión extraordinaria con las declaraciones de los imputados, que coincidieron en negar los cargos y declararse "no culpables". Saharaui señaló en su intervención que no tiene nada que ver con el secuestro, y que únicamente se dedica a trabajar como comerciante ambulante a través de las fronteras entre Mauritania, Mali y el territorio saharaui.

En el banquillo de los acusados se sienta también Mohamed Salem Uld Ahmuda Uld Mohamed quien, según su propia confesión, es militar del Frente Polisario y a quien la Fiscalía acusa de haber guiado a los captores a través de territorio saharaui en su huida con los secuestrados hacia Mali.

Entre los procesados en rebeldía se encuentra el argelino Mokhtar Belmokhtar, conocido también como Jaled Abulabas y Moctar Belauar, supuesto dirigente de la rama de Al Qaeda en el Magreb Islámico (AQMI) [entonces era uno de los jefes de ese grupo terrorista] que mantuvo secuestrados a Albert Vilalta y Roque Pascual. Ambos cooperantes de la ONG Barcelona Acció Solidaria fueron raptados a 150 kilómetros de Nuakchot, cuando viajaban en una caravana humanitaria. Junto a ellos también fue secuestrada Alicia Gámez quien fue liberada el pasado 10 de marzo por sus captores".

Pero, sin lugar a dudas, la prueba más evidente de la porosidad entre los campamentos del Frente Polisario, el terrorismo y el crimen organizado la vimos en la noche del 22 a 23 octubre de 2011, cuando dos cooperantes españoles y una italiana fueron secuestrados en el interior del campamento de Rabbouni, capital de la fantasmal RASD, a unas pocas decenas de metros de las viviendas que teóricamente utiliza el jefe de los polisarios, Mohamed Abdelaziz. Los secuestrados fueron conducidos hasta la ciudad de El Khalil en Malí, cerca de la frontera argelina, y fueron liberados nueve meses más tarde. Considerado como el acto fundador del MUJAO, la rama disidente de AQMI, fue reivindicado por su jefe militar, el maliense Ahmed Tilemsi (alias Abderrahmane Ould el Ameur). El secuestro fue dirigido por un grupo de saharauis, entre ellos Aghdafna Hamadi Ould Ahmed Baba y Mamina Ould Laghfin, del propio campamento de Rabbouni; el segundo fue arrestado e interrogado por los servicios secretos de Mauritania en Nouadhibou, el 5 de diciembre de 2011. Una vez más, esta operación terrorista con connotaciones jihadistas pone de manifiesto una sórdida realidad.

En una crónica del diario africano 'Liberation', firmada por Ahmadou El—Katab el 2 de noviembre de 2011, se señalaba, de acuerdo con el portal electrónico 'Maliweb.net', citando una fuente de seguridad de Malí, que en el secuestro *"participaron elementos cercanos al grupo liderado por Hakim Ould Mohamed M'Barek"*... ¿Recuerdan? Éste es el saharaui que fuera miembro del Polisario, hijo de un alto oficial de ese movimiento, que fue detenido en 2008 en Bamako, y luego extraditado a Mauritania.

"En las actas de la investigación policial en Malí —dice la información de Ahmadou El— Khatab— a las que tuvo acceso France Press constaba la información, facilitada por el propio Hakim, de que '**hay redes de adoctrinamiento y reclutamiento de AQMI en los campamentos de Tinduf'**."

En la misma crónica se citaba al diario argelino 'El Khabar' que contaba cómo, por su parte, el presidente de Argelia, Abdelaziz Bouteflika, *"indignado por este caso, dio la orden de abrir una investigación sobre el secuestro de los dos cooperantes españoles y la italiana y que el Estado Mayor del Ejército y el comando de la Policía argelina habían decidido tomar medidas de seguridad adicionales para proteger a los ciudadanos extranjeros. En este contexto, los refuerzos de seguridad llegaron a Tinduf en esos días. Toda la información que hemos podido recopilar nos lleva a confirmar que la operación fue preparada con la complicidad de elementos influyentes del Polisario que habrían facilitado el acceso y la actuación de los secues-*

tradores, quienes habrían obtenido las armas una vez accedieron al interior del recinto, gracias sus cómplices internos".

Argelia no es un actor inocente en toda esta situación. He tenido la oportunidad de hablar en tres ocasiones con militares argelinos al respecto y todos ellos son conscientes de lo que sucede. El sector crítico militar dentro de Argelia ha de operar, en sus manifestaciones, con un gran sigilo, pues cualquier argumento que pudiera a sonar disidente respecto de la política y estrategia de las autoridades argelinas, es duramente reprimido. Estas fuentes han confirmado que por parte de los órganos de seguridad e inteligencia se ha estado advirtiendo a los responsables del Polisario de las peligrosas derivas que se están produciendo en el seno de los campamentos y de la propia organización pseudo—militar independentista. En ocasiones, tras enfrentamientos con grupos terroristas, los cadáveres de los individuos abatidos han sido trasladados por las fuerzas argelinas al interior de Tinduf, para que fuesen enterrados y como mensaje lanzado a los confinados, en el sentido de señalar que ese sería el futuro para quien optara por vincularse al terrorismo.

El Frente Polisario, ante las evidencias, ha hecho algunas acciones de represión en el entorno de las mezquitas de los tres campamentos que antes he mencionado, pero no se ha producido una verdadera investigación, ni desarticulado ninguna estructura, puesto que las revueltas podrían ser fatales para la quebradiza seguridad interna de los campamentos, así como para la crítica estabilidad social en los mismos. Ante la desidia del Polisario ha tenido que ser la propia seguridad argelina la que, con la discrecionalidad que le caracteriza, ejecute operaciones antiterroristas dentro de los campamentos. Especialmente importantes fueron las investigaciones realizadas en el de Ausserd, donde llegaron a detener a una decena de activistas en el año 2008.

Argelia, ante el monstruo que ha crecido en su propio territorio, bajo la cobertura del movimiento que desde ese país se ayudó a montar, se vio obligada a intensificar sus actuaciones especialmente durante el año 2010, practicando detenciones, 'ad intro' de los campamentos, de destacados salafistas, entre otros, uno de los líderes ideológicos en la zona de la marca 'Ansar al Sharia', Mahjoub Mohamed. En esas operaciones, la seguridad argelina se ha incautado de armas, dinero, uniformes y explosivos; así como abundante documentación de la relación con los movimientos terroristas en el interior de los campamentos.

Sin lugar a dudas, el detonante para que Argelia decretara una sutil alerta permanente sobre Tinduf fue el secuestro de los dos españoles y la ciudadana italiana. Esta acción provocó que oficiales de las fuerzas especiales de seguridad argelinas, con la presencia de miembros de sus servicios de inteligencia, realizaran una batida en todos y cada uno de los campamentos, en particular el de Rabbouni. Esta acción supuso un punto de inflexión. Los controles o 'check point' de las fuerzas argelinas se han multiplicado, se somete a un control y vigilancia a los elementos polisarios vinculados a la seguridad, en particular a aquellos a los que se les permite el uso de armas. Se han seguido produciendo arrestos. El Polisario, hasta el secuestro de los cooperantes en su territorio, manejaba los casos de sospechosos desde su particular aplicación de normas. En muchas ocasiones no se daba cuenta a las fuerzas de seguridad argelinas. Ahora, cada sospechoso identificado por el Frente Polisario es entregado, y ya se han producido varias 'sacas' de detenidos en los campamentos que han ido a parar a manos de Argelia, aunque sobre sus identidades y procedimientos no hay ninguna transparencia. Fuentes internas del campamento de Rabbouni me manifestaron que no eran saharauis los detenidos, sino argelinos que se habían asentado en los campamentos.

20.- EL CONTEXTO DEL JIHADISMO EN EL ÁREA SAHEL-SÁHARA Y EL MAGREB. ACTORES DECLARADOS Y OCULTOS

Respecto de la actividad del terrorismo jihadista en el área merece la pena traer aquí algunos interesantes análisis como el realizado por Mehdi

Taje, profesor encargado del Instituto de Defensa Nacional de Túnez, quien pone de manifiesto, en relación con la inestabilidad en el área, especialmente a partir del conflicto en el Azawad maliense, que *"Argelia nunca ha escondido, desde 1962, sus aspiraciones acerca del territorio del Sáhara. Argel, dada su historia, la presencia de tuaregs sobre su territorio y sus ambiciones, desarrolla desde hace años, una estrategia compleja. La existencia en el Sahel de un núcleo duro de islamistas radicales es el vector de un mensaje político—religioso que termina manifestándose en el terrorismo y la violencia armada [...] Una clave que permite entender mejor el alcance de la existencia y actividades de Al Qaeda en el Magreb y el Sahel es el interior de Argelia, donde existen centros de decisión con estrategias diferentes, que luchan internamente por el poder y el control de las riquezas nacionales. Después de la muerte del presidente Boummedienne, en diciembre de 1978, un grupo de oficiales, queriendo establecer el centro real del poder argelino al margen del gobierno oficial, creó una jerarquía paralela, una junta cuyos excesos engendraron por un tiempo una bancarrota económica, social y política del país"*.

En el marco de ésta hipótesis que plantea Mehdi Taje, hombres clave del Grupo Salafista para la Predicación y el Combate (GSPC) —en la actualidad Al Qaeda en el Magreb Islámico— estarían al servicio de un clan con fuertes conexiones con determinados servicios argelinos. Las acciones emprendidas por el movimiento y las respuestas estatales a las mismas, no serían más que mensajes dirigidos entre clanes adversarios. *"No se trata de negar la existencia de auténticos jihadistas* — dice el experto en cuestiones de seguridad en el Magreb— *guiados por la voluntad de luchar contra su idea de un Occidente impío que ataca tierras del Islam; pero no existe en ese movimiento esa única realidad, sino que también operan ciertas estrategias secretas y subversivas de actores diversos que persiguen intereses bien alejados de cualquier fe religiosa. El desempleo y las injusticias sociales, coadyuvados por la ausencia de avances económicos y sociales, son factores que favorecen la persistencia del terrorismo en Argelia"*.

Otros grandes expertos, como Alain Chouet, quien fuera jefe de la Oficina francesa de Coordinación de Operaciones de Investigación y lucha contra el terrorismo concluye en la misma perspectiva: *"El terrorismo denominado en Argelia como jihadista no debe confundirse completamente con el jihadismo internacional; el fenómeno, en Argelia, está fuertemente relacionado con los caprichos y los vaivenes de la vida política argeli-*

na". [*Au caeur des services spéciaux; la menace islamiste: fauses pistes et vrais dangers*. En el corazón de los Servicios Especiales; la amenaza islamista: Pistas falsas y peligros reales. París, La Découverte, 2011, p.227].

El análisis de Mehdi Taje, que comparto en buena medida, señala que tal y como se practica el doble juego por parte de los servicios secretos pakistaníes, Al Qaeda en el Magreb Islámico sería en parte un instrumento de influencia en las manos de clanes argelinos, al tiempo que justificaría el discurso por el que Argel reclama el control casi exclusivo sobre la Región del Sahel. Está claro que ese deseo, como ocurrió en el pasado con la creación y fomento del Polisario, es ampliar el poder de Argelia respecto a zonas —fuera de su territorio— que van a ser absolutamente estratégicas en cuanto a la producción de los más variados recursos energéticos, desde oro a uranio. El gran peligro que todo esto supone es que el propio monstruo creado o auspiciado por ciertos poderes argelinos termina escapando de su control, como ya ocurrió en los años noventa del siglo pasado porque, como afirma el analista tunecino, *"el extremismo islamista se afirma cada vez más como último refugio frente a las frustraciones económicas, sociales y políticas, y como alternativa"*.

En definitiva, la generación de conflictos como forma no declarada de operar en el escenario africano por parte de Argelia fue una evidente realidad en el pasado, dentro del contexto de la Guerra Fría, y es algo que observamos en relación con la cuestión del Sáhara Occidental. Pero existen sospechas respecto de cuál es el verdadero papel que juega Argelia en todo lo relacionado con el terrorismo jihadista.

No soy seguidor ni comparto, en general, las tesis del polémico geopolitólogo francés Aymeric Chauprade, pero es oportuno mencionar aquí la sintonía que se produce entre diferentes expertos internacionales sobre la realidad del norte de África en relación con el terrorismo jihadista. Chauprade, en la línea de las hipótesis de Mehdi Taje, plantea la necesidad, respecto de la argelina Al Qaeda en el Magreb Islámico (AQMI), de hacerse dos preguntas: *"¿Cuál es la 'parte local' y la 'parte global' o vínculo con una 'internacional' islamista? ¿Y cuál es la parte auténtica (combatientes auténticamente islamistas) y la parte infiltrada/fabricada (infiltración por los servicios de estados y cuyas estrategias orientadas obedecen a una estrategia de tensión de parte de uno o varios estados)?"*. Las respuestas a tales preguntas las ofrece este politólogo francés en el documento que expuso en el simposio celebrado bajo el título 'Amenazas en África del Norte y en el Sahel y Seguridad Global en Europa', auspiciado por la Universidad de La Sorbona de París y el Centro Roland Mousnier: *"Considero este terrorismo islamista —dice— como la combinación de un combate auténtico (los jihadistas realmente llevan una guerra en contra del 'occidente impío') y una instrumentalización/manipulación por parte de los servicios de algunos estados o de componentes de tales servicios. Esto no puede ser entendido si no se incorpora al análisis la dimensión mafiosa del fenómeno jihadista—terrorista. Esta dimensión mafiosa está de hecho admitida en las dos lecturas del terrorismo internacional. Al Qaeda en el Magreb Islámico trabaja de mano de los carteles del narcoterrorismo de Colombia y Venezuela para facilitar el despacho, por vía aérea, de cargamentos de drogas hacia el desierto sahariano; cargamentos que después se dirigen hacia Europa. El terrorista Mokhtar Belmokhtar es conocido como 'Mi'ter Marlboro' y eso subraya su implicación en los tráficos del contrabando, no sólo de tabaco y drogas, también de inmigrantes clandestinos; tales actividades, unidas a la industrial de los secuestros, son las facetas de una economía del crimen que controlan estos grupos saharianos".*

Para el investigador y profesor galo, *"al insistir tanto sobre esta dimensión mafiosa, la cual, repito, no es cuestionada por nadie, debo terminar preguntándome qué es lo que más cuenta para los terroristas: ¿el dinero que obtienen de su conducta mafiosa o la jihad?*

¿El dinero mafioso permite financiar la jihad o la jihad es sólo la coartada para obtener tal dinero?".

Dentro del planteamiento crítico general que hace Chauprade —y que, insisto, no comparto en su totalidad— se señala que *"el AQMI es la fachada magrebí de un instrumento oculto que diferencia a este grupo de otros componentes regionales de Al Qaeda como Afganistán, Irak o Yemen. Es muy probable que el DRS argelino, la seguridad de Argelia, controle directamente a Al Qaeda en el Magreb Islámico y hay evidencias que han sido dadas a conocer desde hace mucho tiempo por el trabajo de autores suizos, británicos o alemanes"*.

Los trabajos a los que hace referencia el politólogo francés son los realizados por, entre otros, el británico Jeremy Keenan, o el estudio realizado por François Gèze y Sallima Mellah en septiembre de 2007 (*Al Qaeda en el Magreb o la extraña historia del GSPC argelino*).

Una última referencia a las reflexiones de Chauprade. Este autor afirma que *"una realidad que, por lo visto, no puede ser dicha, debido a la importancia de los intereses económicos de nuestros países con Argelia, es que Al Qaeda en el Magreb Islámico, el Frente Polisario, el DRS argelino (servicio de inteligencia) y los tráficos ilícitos en el Sahel— Sáhara son, muy probablemente, una sola organización criminal, cuyo objetivo es doble: primero el enriquecimiento personal de los generales argelinos, quienes supervisan el tráfico de drogas realizado por los jefes terroristas; segundo, salvar a toda costa el régimen argelino haciéndolo parecer, para Occidente, como una muralla absoluta en contra del fundamentalismo. Es así como, en un país donde el nivel de educación es incuestionablemente un éxito, donde tantos talentos podrían actuar para el desarrollo, logra mantenerse un régimen que le roba a la juventud su futuro, al mismo tiempo que sus recursos de petróleo y de gas".*

No puede negarse que alguna de las tesis expuestas por Mehdi Taje o Chauprade son realmente provocadoras, puesto que, cualquiera que conozca algo del área de la que estamos hablando, sabe la profunda porosidad que existe entre todos los elementos que conforman la fenomenología criminal del Sahel y el Sáhara, donde una simple observación, que ni siquiera necesita ser muy perspicaz, basta para comprobar como muchas de las actividades ilícitas sólo son posibles por el consentimiento y la complicidad de ciertas estructuras securitarias de los países.

No es posible que haya tiendas abiertas al público y mercados donde se vende la ayuda internacional —destinada a los campamentos de Tinduf— en Mauritania, Malí, Argelia, a plena luz del día, sin connivencias criminales a diferentes escalas de los servicios de seguridad de esos países. No es posible que en ámbitos tan reducidos como los campamentos del Frente Polisario exista una intensa actividad contrabandista sin que la propia seguridad interna del Polisario y Argelia se den cuenta de nada. No es posible la estructuración de grupos terroristas en determinadas aldeas y en los propios campamentos, sin que la misma no cuente con una 'cómplice mirada ausente' de quienes deberían actuar en su detección y desarticulación.

El terrorismo en el Sahel—Sáhara, especialmente en la parte occidental, hoy por hoy, es una realidad más caracterizada por la mezcla de actividades mafiosas revestidas de ideología religiosa, que por un jihadismo combatiente real; pero lo cierto es que esa ideología, con el surgimiento imparable de grupos como los Ansar al Sharia, podría conducirnos a situaciones de violencia mucho más extremas.

21.- APUNTANDO ALGUNAS SOLUCIONES

La internacionalización o globalización son conceptos que llegaron al mundo del crimen y la violencia mucho antes que a las relaciones internacionales y a las relaciones económicas y movimientos de capital, tal como hoy las conocemos. Recordemos, por poner un ejemplo, cómo se desarrollaron los diferentes fenómenos mafiosos como Cosa Nostra, N'Draghetta, la Camorra o la Sacra Corona Unita. Se expandieron por el mundo, especialmente hacia el continente americano, generando una suerte de economía paralela, y por ende, una especie de cierto orden internacional paralelo, integrando en ese orden negocios, corrupción en los sistemas políticos, en los sistemas judiciales, creando — con sus particulares códigos de conducta— hasta una justicia paralela.

Los fenómenos terroristas generados entre los años 50 y 80, auspiciados y fomentados en no pocas ocasiones por los diferentes bloques, en particular desde la antigua Unión Soviética, actuaban en medio mundo como una forma de guerra soterrada entre las potencias. Los grupos autodenominados revolucionarios, bajo reivindicaciones soberanistas o de cualquier otro tipo, tenían contactos entre sí, se preparaban en los mismos campos de entrenamiento, aun cuando aparentemente tuvieran ideologías no compatibles.

Si en la historia del crimen y, en particular, del fenómeno terrorista, podemos observar cierto grado de internacionalización, tengamos claro que el Jihadismo Global es un fenómeno que nace expresamente con esa vocación, independientemente de que parte de ese terrorismo que tenemos identificado esté más en la órbita del crimen organizado que del terrorismo por ideología.

Toda la banda centroafricana de Este a Oeste es el escenario en el que se desenvuelven grupos terroristas de etiología jihadista, algunos de los cuales han 'formalizado' su vinculación con Al Qaeda; así como otros, de etiología nacionalista pero que, en no pocas ocasiones, se confunden con los jihadistas. Así, nos encontramos con la realidad que, desde el Cuerno de África, hasta la costa atlántica, están operando grupos como el Harakat Al Shabaab Mujahidin (HASM) cuyo líder, Ahmed Godan, hizo pública su fidelidad a Al Qaeda y en particular a la figura de Osama Bin Laden. Unido a Al Shabaab tenemos otro grupo como Hizbul Islam.

Es un área en el que, por diferentes motivos, en buena medida por la explotación de recursos energéticos, están resurgiendo conflictos que no han sido muy visibles para Occidente, pero que han permanecido latentes en la zona y que se manifiestan de forma muy violenta.

En la zona de Nigeria tenemos el movimiento denominado Boko Haram; sus miembros presumen de ser los 'talibanes nigerianos'. Sin abandonar esta zona vemos cómo se está haciendo notable el incremento de la piratería en el Golfo de Guinea y cómo se está expandiendo el jihadismo en el norte de Níger. En Malí ya hemos visto cómo resurgió, por enésima vez, el conflicto Tuareg. Este fue propiciado —en un primer momento— por el independentista Movimiento de Liberación Nacional del Azawad, pero finalmente fueron los grupos jihadistas, dos de ellos con génesis en Argelia, los que se apropiaron de las reivindicaciones y asentaron su particular gobierno hasta la operación militar liderada por Francia en respuesta a la petición de ayuda del legítimo gobierno maliense. Hemos comprobado también las extrañas maniobras que realizó Argelia para evitar por todos los medios que una misión internacional, con Francia de por medio, se desplegara en el lugar. Al mismo tiempo hemos visto la injerencia de algunos países del Golfo que han llevado armamento y ayuda a alguno de los grupos jihadistas.

Sobra mencionar todas las actividades de Al Qaeda en el Magreb Islámico con atentados en Argelia y Marruecos, la porosidad que se ha dado entre este grupo terrorista y otros como el MUJAO y elementos radicalizados del Frente POLISARIO, la existencia de intereses comunes de ambos grupos que colaboran activamente en acciones como secuestros de occidentales y en todos los tráficos ilícitos que se producen en la zona, donde no sólo aparecen elementos del POLISARIO y AQMI, sino otros grupos criminales. Es por esta costa africana occidental, entre Mauritania y el Sáhara, donde podemos identificar actividades 'narcoterroristas' de Latinoamérica, cuyas organizaciones han modificado sus tradicionales rutas hacia Europa. En el Sahara cuentan con la protección de terroristas y de los servicios de milicianos del POLISARIO, que dan cobertura al envío de grandes cantidades de droga. Estos alijos llegan en aviones que parten, en numerosas ocasiones, desde Venezuela, país cuyo régimen chavista se esfuerza en apoyar al Frente Polisario. En esos tráficos ilícitos nos encontramos con vinculaciones de las propias FARC colombianas, ante las que las autoridades venezolanas hacen la vista gorda para sus actividades, igual que ha actuado con terroristas de ETA.

Si el Polisario lograra hacer realidad su idea de creación de un estado, fenómenos como el crimen organizado y el terrorismo internacional encontrarían su espacio ideal, un estado fallido. Algo así no beneficiaría más que a determinadas estructuras del Frente Polisario. Yo creo que un amplísimo grupo del staff de dirección de esa organización, hoy por hoy, necesita mantener el conflicto del diferendo del Sahara para seguir viviendo "del cuento", y el mantenimiento del actual 'estatus quo' también le interesa a unas muy determinadas 'antenas' sociales en España y en Europa.

Es vital la normalización de las relaciones entre Argelia y Marruecos, la apertura de la frontera. El Rey de Marruecos, Mohamed VI, ha dado claras muestras de apertura y ha puesto de manifiesto su voluntad en ese sentido, haciéndose eco, incluso, de los ciudadanos argelinos que tienen que pagar en sus vidas la absoluta desidia e incompetencia, cuando no un malicioso despotismo, de unos gobernantes como Bouteflika, que han llevado a un país rico a la miseria social. Un país con un pueblo extraordinario, que vive sin expectativas ni esperanzas. Me consta que, incluso en el seno de los oficiales de Estado Mayor de Argelia, hay un sector muy preparado que apuestan por romper, de una vez por todas, con la inamovilidad de Argelia en esta cuestión.

Para incrementar la eficacia en la lucha antiterrorista en la zona se necesita del trabajo conjunto, abierto, sincero y comprometido de Argelia y Marruecos y de otros aliados como España y Francia. Argelia quiere el protagonismo exclusivo en la zona, pero tanto empecinamiento parece ocultar intereses no declarados, puesto que en la lucha contra el terrorismo, el liderazgo no reside en el ejercicio de un país, sino en el ejercicio compartido. El ejemplo más claro lo tenemos en la lucha contra ETA desde que España lograra establecer dinámicas de trabajo conjuntas con Francia.

Es importante tomar en consideración la propuesta de autonomía dentro del concepto de regionalización avanzada para las provincias del Sur de Marruecos. Además de todo lo expresado me uno a la opinión de Edgar Kptindé, investigador de la Universidad de Cotonou, consejero especial del presidente de la República de Benín y presidente de I3S (Inteligencia, Seguridad, Estrategia y Servicios) cuando afirma que *"la mayoría de los estados africanos tienen fronteras artificiales que son el resultado de las construcciones coloniales que no tomaron en cuenta datos étnicos. Los estados resultantes se mantuvieron mucho tiempo bajo el control de dictaduras y, aunque se calle a menudo, bajo ideologías marxistas. Es evidente que la apertura democrática y las injerencias extranjeras, deseables o indeseables, despiertan irredentismos, separatismos y contestaciones minoritarias en muchos países. La democracia es posible con unidad, sin unidad es la inestabilidad o hasta la guerra. Es de sentido común que la prioridad de la Unión Africana debería ser la unidad de las realidades estatales del continente, así como su estabilidad, única condición indispensable para la democratización".* *"Sin embargo* —continúa afirmando Edgar Kptindé— *la Unión Africana, por razones históricas relacionadas con la Guerra Fría y sus enfrentamientos ideológicos, se apega a una posición un poco esquizofrénica: Por un lado, el principio de autodeterminación que puede conducir al estallido de los estados, y por otro, la intangibilidad de las fronteras. Pienso que el único modo de salir de esta esquizofrenia es dirigirse hacia un enfoque realista, justo y equilibrado: LA AUTONOMÍA DENTRO DE LA SOBERANÍA es la vía mediana, la más realista y sabia. Toma en cuenta las diferencias étnicas y culturales reales dentro de los estados, y al mismo tiempo, reafirma y consolida las soberanías nacionales. Desde este punto de vista, la vía sugerida por Marruecos con el Sahara Occidental parece un ejemplo: Permitió la reintegración de una mayoría de saharauis, los cuales abandonaron Tinduf y regresaron para participar en el desarrollo de las ciudades del Sur de Marruecos. Este es el enfoque adecuado, que además ha sido considerado 'creíble, realista y serio' por el Consejo de Seguridad de la ONU y por la Unión Europea".*

En la realización de análisis prospectivos de seguridad se desarrollan ejercicios de 'simulación de escenarios'; no se trata de una mera especulación, sino de un ejercicio en el que se tiene en cuenta elementos que van desde la economía a la educación, desde los servicios públicos a las instituciones, desde la política a las relaciones exteriores, y más recientemente la incidencia de las comunicaciones sociales en relación con la red de redes, entre otras muchas cuestiones. Es decir, el ejercicio prospectivo tiene en cuenta la realidad poliédrica del hecho que se analiza. Todas las simulaciones de escenario que conocemos —respecto de esta cuestión del Sáhara— son absolutamente negativas respecto a la hipotética república que pretende el Polisario y Argelia desde los años setenta del siglo pasado, con especiales consecuencias perjudiciales para lo que sería uno de los elementos que definen al Estado, la población. Los resultados más optimistas hablan de un Estado muy dependiente de la cooperación exterior y con una soberanía que en realidad estaría sometida a elementos exógenos; sin una mínima institucionalización real, pues se parte de una realidad inexistente. Es decir, no sería un Estado en transición de una forma de gobierno a otra, sino de la generación 'exnovo' de un estado.

Tal creación, que nacería con la vocación y — como he dicho en alguna ocasión— con las condiciones de posibilidad para ser un estado fallido, en un área tan inestable, además de conformarse como un factor criminógeno 'ad intro' en el área sahelo—sahariana, tendría unos efectos negativos —desde la perspectiva securitaria— para los países del entorno (especialmente Argelia, Mauritania, Mali y Marruecos, ya sometidos a un gran sufrimiento por las actividades terroristas y del crimen organizado). Entre las consecuencias merece la pena señalar efectos desestabilizadores en la sociedad de cada país. Evidentemente, ese hipotético estado sería un actor inseguro para toda el área, inseguridad que se proyectaría de inmediato de manera internacional; como de hecho ocurre en otros escenarios reales como Somalia.

En la simulación de escenarios prospectivos, en cuanto a cuestiones de seguridad, hemos llegado a observar la posibilidad de acciones tan simples como inquietantes, hasta el extremo de que, aun no causando víctimas, tendrían efectos devastadores en ámbitos económicos de primer orden como el Turismo para España. (El contenido de esta simulación de escenarios no puede ser reproducido por razones obvias) pero España debe tomar en consideración que Canarias se situaría como un objetivo que sería pretendido y sobre el que el lanzamiento de ataques, aun de baja intensidad, o severas amenazas tendría unas consecuencias brutales. Así pues, la mediocridad política, la sensación de distancia o de no concernimiento respecto de las eventuales consecuencias securitarias en relación con la cuestión del Sahara, es de una imprudencia temeraria. Parece que éstas pueden ser palabras o conceptos de grueso calibre, pero son los términos a los que recurro honestamente, pues no aprecio ningún elemento objetivo de análisis que me permita describir todo esto de forma más suave.

Las propias contradicciones internas del Frente POLISARIO son evidentes. Basta recordar que el presidente del mismo, Mohamed Abdelaziz, ni siquiera es de origen saharaui, pues es marrakechí. Existe una corrupción generalizada entorno a personajes destacados del mismo (de lo que se lamentan los propios saharauis), un sentimiento de frustración, el aislamiento, las persecuciones internas, etcétera. Todas estas circunstancias y otras, ponen al descubierto un movimiento —dotado incluso de armamento y formación militar— que está en descomposición, con ridículos apoyos formales internacionales, algunos tan poco confiables como Venezuela, Cuba, o algún país más vinculado a las disparatadas iniciativas 'revolucionario— bolivarianas' patrocinadas por individuos como los hermanos Castro o el fallecido Hugo Chávez.

Es evidente que, como consecuencia de las acciones de presión en otras regiones, el fenómeno Al Qaeda se atomiza y tiene ya —al menos— tres centros de gravedad que se extienden en toda la banda centro africana de Este a Oeste. Pese a ello, los EEUU han iniciado una deriva, en cuanto a este continente, en mi opinión, muy arriesgada. Esta nueva dinámica se caracteriza por el alejamiento del Magreb, orientando su acción sólo sobre el Cuerno de África. Basta señalar — en relación a la última estrategia de Defensa de los EEUU— que África solo aparece citada en una ocasión para referirse junto a otras zonas del mundo en las que apenas se preveen planes o acciones de "bajo coste" y, a ser posible, lideradas por otros actores internacionales.

El llamado AFRICOM (Africa Commander), atendiendo a lo que se establece en la citada nueva estrategia, ha quedado reducido —casi— a una mera declaración de principios. Como curiosidad diré que apenas diez días después de publicarse la nueva estrategia defensiva norteamericana, Argelia desbarató los planes de Al Qaeda en la zona para atacar buques bajo bandera USA mediante el uso de 'lanchas—bomba'. ¿Desde dónde se lanzarían esos ataques? Pues evidentemente desde la costa atlántica del Sáhara.

Rebajar la intensidad operativa en materia de seguridad de Europa y los EEUU en el área magrebí y del Sáhel/Sáhara es una gran imprudencia. Si tal desapego se materializa, Francia y España están llamadas a materializar conjuntamente y en cooperación con los países de la zona una nueva estrategia más amplia que la que hasta ahora desarrollan. Lo de España es muy preocupante pues, en materia securitaria, tan sólo ha trabajado en convenios bilaterales y, aunque ha incrementado su actividad de análisis de información y de elaboración de <u>inteligencia</u>, lo cierto es que al final resuelve las situaciones de <u>conflicto</u>, como los secuestros, con individuos que van desde negociadores locales con evidentes buenas relaciones con los terroristas y el crimen organizado hasta, directamente, con delincuentes.

En cuanto a las relaciones entre España y Marruecos, en materia de seguridad, recientemente escribía que cuando se producen misiones internacionales de carácter militar los trabajos de análisis de información e inteligencia, orientados al desarrollo de determinadas acciones, en un momento dado, pasan a 'centros de fusión' en los que converge la inteligencia —ya elaborada— que los países implicados consideran necesaria para alcanzar los objetivos previstos en la misión. En materia antiterrorista, Marruecos y España han de trabajar en el establecimiento de un sistema integrado permanente para la captación y análisis de información, así como de elaboración de inteligencia orientado a la identificación de individuos y grupos sobre los que existan indicios racionales de su relación con el terrorismo internacional y el crimen organizado vinculado, cuyas actividades afecten a la seguridad de Marruecos y España.

No se trata de que la inteligencia española y marroquí se conformen como un todo homogéneo, nada de eso. Se trata de establecer un mecanismo *'ad hoc'*, exclusivamente orientado a objetivos concretos que pueden ser mediatos o inmediatos, pero sobre los que ha de ejercerse una observación o monitorización permanente.

Es evidente que un recurso así puede aportar grandes ventajas al desarrollo de investigaciones policiales en la materia pero, más aún, creo que en la fase de análisis de información, lo que un instrumento de esta naturaleza va a aportar es 'conocimiento' que, en mi humilde opinión, no es sólo una virtud *'per se'*, sino que —cuando hablamos de seguridad— es un requisito operativo.

Los tratados bilaterales de cooperación entre ambos países, en esta materia, debieran modificarse para ser un poco más ambiciosos y recoger la creación formal de este centro conjunto de prevención y acción contra el terrorismo, permitiendo —con los límites de interacción que se estimen oportunos— que especialistas en la lucha antiterrorista puedan actuar en ambos territorios bajo la fórmula de 'unidades mixtas', incluso, en labores de infiltración. A otros niveles policiales ya existen experiencias conjuntas.

Algún lector puede estar pensando, a estas alturas del artículo, que quien lo suscribe está situándose fuera de la realidad—real. Soy consciente de que queda mucho por hacer para poder llegar a ese grado de relación bilateral; pero si tenemos en cuenta que el terrorismo de etiología jihadista ha hecho una declaración de principios en la que los estados español y marroquí son señalados como objetivos prioritarios, seguramente entenderemos mejor la necesidad de arbitrar nuevas fórmulas para poder llegar a intensificar eficazmente nuestras capacidades.

El terrorismo de etiología jihadista opera dentro y entre ambos países, realizando desde labores de proselitismo a captación de activistas, desde financiación a movimiento de efectivos hacia lugares en conflicto. En estos momentos resulta especialmente inquietante todo lo relacionado con *Ansar al Sharia* (con franquicias ya en todo el Magreb y en algunos puntos de Europa) y las actividades de individuos que se mueven entre Marruecos y España y que tuvieron en el pasado vinculaciones con antiguos grupos como *Jamaat Tawhid wal Jihad* (al que hoy podemos encuadrar dentro la corriente *Takfir Wal Hijra*).

Está claro que la institucionalización de mecanismos euromagrebíes en materia de seguridad, en la que se está trabajando desde hace poco más de un año y medio, va por el buen camino, tal como se ha puesto de manifiesto en la reciente cumbre en Rabat tras los prolegómenos del primer encuentro celebrado en Libia. Pero, hoy por hoy, debemos reconocer que apenas se están creando las condiciones de posibilidad para lo que podrá hacerse en un futuro que, de momento, es bastante incierto. Especialmente si tenemos en cuenta la explosiva e inestable situación de Libia. Otra cuestión que genera no pocas dificultades es la absurda posición de los gobernantes argelinos al pretender que, sobre Argelia, pivote el protagonismo casi exclusivo de las decisiones que afectan a tantos países, mucho más cuando observamos a Bouteflika y su caduco régimen pretendiendo tapar las miserias y corrupciones diversas de sus gobiernos y generando artificiales tensiones con países como Marruecos. La seguridad del área debe construirse pensando en el conjunto de los actores estatales, sí, es verdad. Pero nada impide que antes puedan establecerse alianzas singulares de manera bilateral, como la que describía respecto de España y Marruecos. La seguridad es una prioridad absoluta, especialmente en todo lo que tiene que ver con el terrorismo del que estamos hablando, y más ahora que, a muchos analistas, nos parecen críticos. En mi opinión, dentro de la metamorfosis dinámica del jihadismo terrorista creo que estamos viviendo un momento genético respecto de lo que se manifestará en el futuro.

Como verá, amigo lector, en todo momento hablo de terrorismo de etiología jihadista, no de Al Qaeda, cuyo conglomerado hay que empezar a ponerlo hoy en su justa dimensión.

Las relaciones entre España y Marruecos, tantas veces envenenadas a lo largo de la historia por prejuicios alentados por políticos impresentables, deben ser cuidadas con esmero por los estados.

Además, deben inducirse dinámicas que incidan en la eliminación de prejuicios para que marroquíes y españoles nos miremos sin desconfianzas, con arreglo a unas relaciones que no sólo deben basarse en intereses estratégicos, sino en la verdadera naturaleza de las mismas. Estamos unidos por lazos históricos fraternales y eso debe servir de base para poner el énfasis en lo que nos une como sociedades vecinas, como sociedades hermanas.

La redacción de este libro se ha realizado durante 2013 en viajes por España, Túnez, Marruecos, Estados Unidos, Bruselas, El Sáhara y la frontera de Mauritania.

@ChemaDireccion
chemagilgarre@gmail.com
Facebook: José María Gil Garre

VÍCTIMAS DEL TERRORISMO DEL FRENTE POLISARIO

Siempre se habla de víctimas, un sustantivo plural, nunca se dan los nombres. Las víctimas suelen agruparse y, así, las cosificamos y se hacen anónimas; pero creo que merece la pena recordar las identidades de aquellos asesinados, secuestrados, torturados. Cito a continuación los nombres de víctimas identificadas, vinculadas a sus actividades en el momento de ser atacadas. A su recuerdo está dedicada —en parte— esta obra que tienen en sus manos:

Abdón Díaz. Ametrallamiento al 'Saa', 1977

A. Cervino Carballo. Herido por ametrallamiento al 'Peixe Do Mar', 1985

A. Correa Perea. Secuestrado 'Costa de Terranova'. 1980

A. Hernández Marrero. Asesinado. 'Cruz del Mar'. 1978

Agustín Iglesias Sotelo. Ametrallamiento. 'Peixe Do Mar'. 1985

Agustín Veiga. Ametrallamiento. 'Andes'. 1986 Alfredo Gómez Díaz. Ametrallamiento.

'Eugenio' 1987

A. Rodríguez Marrero. Asesinado. 'Cruz del Mar'. 1978

Alvaro Candamil. Secuestrado. 'Gargomar'. 1980

Calero Hernández. Herido por ametrallamiento. 'Peixe Do Mar'. 1985

Andrés Argüeso Pereira. Ametrallamiento. 'Andes'. 1986

José Puga Gándara. Ametrallamiento. 'Andes'. 1986 Betancort Morera. Ametrallamiento. 'Tela'. 1978

A. Miranda González. Ametrallamiento y secuestro. 'Saa'. 1977

A. Parrillas Acuña. Herido por ametrallamiento. 'Tela'. 1978

A. Rodríguez Cáceres. Secuestrado. 'Costa de Terranova'. 1980

Ángel de Casas Arroyo. Ametrallamiento. 'Peixe Do Mar' 1985

Á. Maneiro Villanueva. Ametrallamiento. 'Génesis'. 1978

Ángel Núñez Grana. Herido por ametrallamiento. 'Peixe Do Mar'. 1985

A. de Jesús Carolino. Herido por ametrallamiento. 'Porto Ceu' 1981

Antonio Bernádez. Ametrallamiento. 'Andes'. 1986

A. Cabrera Santana. Secuestrado. 'Las Palomas'. 1977

Antonio Cedrés Ginory. Ametrallamiento. 'Tela'. 1978 A. de Rocha Barbosa. Ametrallamiento. 'Eugenio'. 1987

Antonio Díaz Vera. Secuestrado. 'Las Palomas'. 1977

A. García Carreño. Herido por ametrallamiento. 'Pinzales' 1977

A. García Gutiérrez. Ametrallamiento. 'Lérez'. 1978

A. González López. Secuestrado. 'Costa de Terranova'. 1980

A. Guillen Rodríguez. Ametrallamiento. 'Puente Canario'. 1986

A. Joaquín Pacheco. Ametrallamiento. 'Eugenio'. 1987

A. J. Cadilhe Oliveira. Secuestrado. 'Rio Vouga'. 1980

A. Mariño Mateus. Secuestrado. 'Rio Vouga'. 1980

A. Márquez González. Ametrallamiento. 'Lérez'. 1978

Morales Taisma. Ametrallamiento y secuestro. 'Junquito' 1985 Paz Rodríguez. Ametrallamiento. 'San Blas'. 1985

A. Soages Iglesias. Ametrallamiento. 'Peixe Do Mar'. 1985

A. Tácelo Firino. Ametrallamiento. 'Eugenio'. 1987

A.Vega Díaz. Ametrallamiento. 'Carmen de las Nieves'. 1985

A. Pereira Costa. Ametrallamiento. 'Eugenio'. 1987

Bag I. Gyu. Ametrallamiento. 'Ain Aoualili'. 1983

Bak Yong Hon. Ametrallamiento. 'Ain Aoualili'. 1983

Bakuar Njom. Herido por ametrallamiento. 'María Luisa'. 1978

Ben Omar Abdesalan. Herido por ametrallamiento. 'Peixe Do Mar'. 1985

Benito del Río. Ametrallamiento. 'Andes'. 1986 Benito Márquez García. Ametrallamiento.

'Tela'. 1978 Blas Mesa Cruz. Secuestrado. 'Costa de Terranova'. 1980

Carlos Texeira. Ametrallamiento. 'Eugenio'. 1987

C. Enriques Dos Santos. Muerto por ametrallamiento. 'Porto Ceu'. 1981

Choi Yong Dol. Ametrallamiento. 'Ain Aoualili'. 1983

C. Betancor Hernández. Ametrallamiento. 'Lérez'. 1978

Clemente Nieves García. Ametrallamiento. 'Tela'. 1978

Perera González. Herido por ametrallamiento. 'Pinzales'. 1977

Henríques de Cana. Ametrallamiento. 'Eugenio'. 1987

Barreto Santana. Herido por ametrallamiento. 'Pinzales' 1977

Domingo Cáceres. Secuestrado. 'Tela'. 1978

Vizcaíno Marrero. Ametrallamiento. 'Tela' 1978 Emilio de Tahla. Muerto por ametrallamiento. 'Driss'. 1983

Ernesto Gumerans. Secuestrado. 'Gargomar'. 1980

E. M. Fernández Pérez. Muerto por explosión. 1976

Eusebio García Soto. Secuestrado. 'Gargomar'. 1980

Rodríguez García. Ametrallamiento. 'Cruz del Mar'. 1978

Eustaquio Sanginés. Ametrallamiento. 'Pinzales'. 1977

Faustino Vázquez Brum. Herido por ametrallamiento. 'Peixe Do Mar'. 1985

Félix Guillén Arrocha. Ametrallamiento. 'Carmen de las Nieves'. 1985

Martín Santana. Herido por ametrallamiento. 'Génesis'. 1978

F. Toledo Hernández. Ametrallamiento y secuestro. 'Junquito'. 1985

Fore Auetta. Herido por ametrallamiento. 'María Luisa'. 1978 F. Augusto Pedro. Herido por ametrallamiento. 'Porto Ceu' 1981

F. Mendoza Vázquez. Muerto por ametrallamiento. 'Agadir II'. 1984

F. Piñeiro Bures. Ametrallamiento. 'Lérez'. 1978

Francisco Quevedo. Ametrallamiento. 'Saa'. 1977

F. Rodríguez Hernández. Herido por ametrallamiento. 'Junquito'. 1985

F. Rodríguez Rey. Secuestrado. 'Costa de Terranova'. 1980

F. Sánchez Grane. Herido por ametrallamiento. 'Tagomago'. 1985

Santana Santana. Ametrallamiento y secuestro. 'Junquito'. 1985

Go Jeong Yul. Ametrallamiento. 'Ain Aoualili'. 1983

Gregorio Pérez Cabrera. Secuestrado. 'Costa de Terranova'. 1980

Batista Figueroa. Muerto por ametrallamiento. 'Junquito'. 1985 Batista Hernández. Secuestrado. 'Costa de Terranova'. 1980

Han Doing Yeog. Ametrallamiento. 'Ain Aoualili'. 1983

Hermenegildo de Sosa. 'Herido por ametrallamiento'. Driss 1983

Rodríguez Villalba, Secuestrado. 'Costa de Terranova'. 1980

Suárez Sánchez. Herido por ametrallamiento. 'Pinzales'. 1977

Hwang Jong. Ametrallamiento. 'Ain Aoualili'. 1983

Álvarez Hernández. Secuestrado. 'Costa de Terranova'. 1980

I. Cedrés Santana. Herido por ametrallamiento. 'María Luisa'. 1978

Gutiérrez Ojeda. Ametrallamiento y secuestro. 'Saa'. 1977

Rodríguez Pulido. Ametrallamiento y secuestro. 'Junquito'. 1985

Jeong Sang Seo. Ametrallamiento. 'Ain Aoualili'. 1983 Jesús García Afonso. Ametrallamiento. 'San Blas'. 1985

Jimmy Hara. Ametrallamiento. 'San Blas'. 1985

J. González Álvarez. Ametrallamiento. 'Andes'. 1986

J. A. Mora Navarro. Secuestrado. 'Las Palomas'. 1977

José Acosta Aparicio. Secuestrado. 'Costa de Terranova'. 1980

José Agullo Ferrer. Ametrallamiento. 'Lérez'. 1978

J. Alberto Núñez Rojas. Ametrallamiento. 'San Blas'. 1985

J. A. Abrante Hernández. Secuestrado. 'Las Palomas'. 1977

José Antonio Diepa. Secuestrado. 'Gargomar'. 1980

José Carlos de Felisia. Ametrallamiento. 'Eugenio'. 1987

José Carlos Lois. Secuestrado. 'Gargomar'. 1980 José Carlos Pereira. Ametrallamiento. 'Eugenio'. 1987

J. Constantino Matos. Ametrallamiento. 'Eugenio'. 1987

José Crujeira. Ametrallamiento. 'Andes'. 1986

J. González Hernández. Ametrallamiento. 'Andes'. 1986

José González López. Secuestrado. 'Costa de Terranova'. 1980

José Hernández Sosa. Muerto por Ametrallamiento. 'Puente Canario'. 1986

José López Pérez. Muerto por ametrallamiento. 'Andes'. 1986

J. M. Abrante. Secuestrado. 'Las Palomas'. 1977

J. M. Ferreiro Casas. Herido por ametrallamiento. 'Tagomago'. 1985

José Manuel Fidalgo. Ametrallamiento. 'Eugenio'. 1987

J. Manuel Nascimiento. Ametrallamiento. 'Eugenio'. 1987 José Mareiro García. Ametrallamiento. 'Andes'. 1986

J. M. Carrajero de León. Ametrallamiento. 'Carmen de las Nieves'. 1985

J. M. Castro Rodríguez. Asesinado por ametrallamiento. 'Tagomago'. 1985

J. M. Hernández Marrero. Asesinado. 'Cruz del Mar'. 1978

José Nafa. Secuestrado. 'Costa de Terranova'. 1980

J. N. Martín Martín. Secuestrado. 'Costa de Terranova'. 1980

José Pastoriza. Secuestrado. 'Gargomar'. 1980 José Pérez Bouzón. Ametrallamiento. 'Andes'.

1986

José Santos Franco. Ametrallamiento. 'Lérez'. 1978

José Silvestre Santana. Asesinado por ametrallamiento. 'Agadir II'. 1984

José Suárez Castellano. Ametrallamiento. 'Lérez'. 1978 J. De Ganzo Fernández. Ametrallamiento. 'Tela'. 1978

J. F. Cruz Hernández. Ametrallamiento. 'Pinzales'. 1977

Juan García Acosta. Ametrallamiento. 'Lérez'. 1978

J. Díez. Secuestrado. 'Cabo Jubi—II'. 1980 Juan López de León. Herido por ametrallamiento. 'Carmen de las Nieves'. 1985

Juan López Diepa. Ametrallamiento. 'Lérez'. 1978

Juan Manuel Onil. Ametrallamiento. 'Andes'. 1986

Juan María Marqués. Ametrallamiento. 'Eugenio'. 1987

Juan Martín Sanginés. Herido por ametrallamiento. 'Génesis'. 1978

J. Mirabal. Secuestrado. 'Gargomar'. 1980 Juan Rodríguez García. Ametrallamiento.

'Génesis'. 1978 Juan Santana García. Ametrallamiento. 'Tela'. 1978

Juan Santana Trujillo. Secuestrado. 'Las Palomas'. 1977

Juan Suárez Rodríguez. Asesinado. 'Cruz del Mar'. 1978

Juan Vicente Ruania. Secuestrado. 'Sarita'. 1980

Julio López García. Secuestrado. 'Gargomar'. 1980

Julio Montero Viéitez. Herido por ametrallamiento. 'Peixe Do Mar'. 1985

Kang Beom Mo. Ametrallamiento. 'Ain Aoualili'. 1983

Kim Du Cheol. Ametrallamiento. 'Ain Aoualili'. 1983

Kim Jong Deok. Ametrallamiento. 'Ain Aoualili'. 1983

Kim Tae Byeong. Ametrallamiento. 'Ain Aoualili'. 1983

Kim Yeong In. 'Ain Aoualili'. 1983 Kwon Feun Ji. Ametrallamiento. 'Ain Aoualili'. 1983

Kyn Pak. Muerto por ametrallamiento. 'Ain Aoualili'. 1983

Lee Hwangt Yokarkt. Desaparecido. 'Dong—Bang—53'. 1979

Lorenzo Pérez Martín. Ametrallamiento. 'Tela'. 1978

Lorenzo Vizcaíno. Secuestrado. 'Sarita'. 1980 Luis Abeute Rojas. Secuestrado. 'Costa de

Terranova'. 1980

Luis Alvarez Abella. Secuestrado. 'Costa de Terranova'. 1980

Luis José Piñeiro Novo. Ametrallamiento. 'Peixe Do Mar' 1985.

Luis López Termelol. Ametrallamiento. 'Carmen de las Nieves'. 1985

Luis Vives. Ametrallamiento. 'Andes'. 1986 Mama Balde. Ametrallamiento. 'San Blas'.1985

M. Betancor Morales. Ametrallamiento. 'Pinzales'. 1977 Manuel Delgado. Secuestrado. 'Sarita'. 1980

M. Fernández Martínez. Ametrallamiento. 'Peixe Do Mar'. 1985

Manuel Gestido Piñeiro. Ametrallamiento. 'Peixe Do Mar'. 1985

Manuel Gil Pórtela. Ametrallamiento. 'Andes'. 1986

M. González González. Ametrallamiento. 'Andes'. 1986

M.l Hernández Marrero. Asesinado. 'Cruz del Mar'. 1978

M.Hernández Navarro. Ametrallamiento. 'Cruz del Mar'. 1978

M.l Jiménez Pacheco. Secuestrado. 'Gargomar'. 1980

M.J. Cadilhe de Oliveira. Secuestrado. 'Rio Vouga'. 1980

Manuel Orosa. Secuestrado. 'Gargomar'. 1980 Manuel Perera González. Ametrallamiento.

'Pinzales'. 1977

Manuel Rodríguez. Secuestrado. 'Sarita'. 1980 M. Besteiro Ferreiros. Ametrallamiento. 'Andes'. 1986

M. B. de León González. Herido por ametrallamiento. 'Junquito'. 1985

M. Figueroa Caraballo. Ametrallamiento y secuestro. 'Saa' 1977

M. T. González Gómez. Secuestrado. 'Mister Samsen'. 1987

Marine Broker. Secuestrado. 'Turtelu'. 1987

M. Soages Rodríguez. Ametrallamiento. 'Peixe Do Mar'. 1985

M. Á. Rodríguez García. Ametrallamiento. 'Cruz del Mar'. 1978

M. Arroya. Secuestrado. 'Sarita'. 1980

M. Valdivia Oramas. Secuestrado. 'Las Palomas'. 1977

Bouchad. Herido por ametrallamiento. 'Driss'. 1983

M.Hallany Cheickh. Ametrallamiento. 'Peixe Do Mar'. 1985

González. Secuestrado. 'Sarita'. 1980 N. Vega Laredo. Ametrallamiento. 'Lérez'. 1978

N. Horstein. Secuestrado. 'Turtelu'. 1987

Molina Jorge. Ametrallamiento. 'San Blas'. 1985

Weon Keon. Ametrallamiento. 'Ain Aoualili'. 1983

A. Ascensión Rojas. Ametrallamiento. 'Pinzales'. 1977

P. Jin Ung. Ametrallamiento. 'Ain Aoualili'. 1983

P. Soon Jo. Secuestrado. 'Ain Aoualili'. 1983

P. Alemán. Secuestrado. 'Gargomar'. 1980

P. González Domínguez. Ametrallamiento. 'Carmen de las Nieves'. 1985

P. Rodríguez Barreiro. Ametrallamiento. 'Peixe Do Mar'. 1985

R. Perera. Herido por ametrallamiento. 'Pinzales'. 1977

R. Salas Hernández. Asesinado. 'Cruz del Mar'. 1978 R. L. P. Díaz—Llanos. Muerto explosión. 1975

R. Sotelo Gamallo. Ametrallamiento. 'Peixe Do Mar'. 1985

R. Corujo Herrera. Ametrallamiento. 'Pinzales'. 1977

R. García Rodríguez. Secuestrado. 'Gargomar'. 1980

R. Prieto. Ametrallamiento. 'Saa'. 1977

R. Bermúdez Campos. Ametrallamiento. 'Peixe Do Mar'. 1985

R. Jesús Rosa. Muerto por ametrallamiento. 'Driss'. 1983

R. Pulido Rodríguez. Ametrallamiento. 'Tela'. 1978

R. Enriques. Ametrallamiento. 'Porto Ceu'. 1981

R. Rodríguez Cáceres. Secuestrado. 'Costa de Terranova'. 1980

R. Asserback. Secuestrado. 'Mister Samsen'. 1987

R. Coello Miranda. Ametrallamiento. 'Andes'. 1986 Yeou. Herido por Ametrallamiento. 'Maritime King'. 1987

Molina Jorge. Ametrallamiento. 'San Blas'. 1985

S. Carreño Arufe. Ametrallamiento. 'Lérez'. 1978

S. De Ganzo Expósito. Ametrallamiento. 'Lérez'. 1978

S. Álamo Vera. Secuestrado. 'Las Palomas'. 1977

S. Cañada Cabrera. Ametrallamiento. 'Carmen de las Nieves'. 1985

S. Cañada García. Asesinado. 'Cruz del Mar'. 1978

S. Medina García. Ametrallamiento. 'Lérez'. 1978

S. Cheon Su. Ametrallamiento. 'Ain Aoualili'. 1983

S. Martín Betancort. Herido por ametrallamiento. 'Génesis'. 1978

Youag Kim. Muerto por ametrallamiento. 'Ain Aoualili'. 1983 Elías Noda. Herido por ametrallamiento. 'Carmen de las Nieves'. 1985.

Más otros doce marineros cuyas identidades no hemos podido averiguar, asesinados durante los ataques a los buques 'Zuiderster' en 1978 y el 'Sindaba—1', en 1980.

A la larga lista anterior habría que sumar los militares españoles que murieron en asaltos a traición por polisarios infiltrados en tropas nómadas españolas, asesinados con las propias armas que nuestro ejército ponía en sus manos. No perdamos de vista que el aniversario del nacimiento del Frente Polisario se celebra en el mes de mayo, coincidiendo con una acción terrorista llevada a cabo contra militares españoles en 1973.